LINGUAGEM ESCRITA E A CRIANÇA COM AUTISMO

Editora Appris Ltda.
2.ª Edição - Copyright© 2024 da autora
Direitos de Edição Reservados à Editora Appris Ltda.

Nenhuma parte desta obra poderá ser utilizada indevidamente, sem estar de acordo com a Lei nº 9.610/98. Se incorreções forem encontradas, serão de exclusiva responsabilidade de seus organizadores. Foi realizado o Depósito Legal na Fundação Biblioteca Nacional, de acordo com as Leis nos 10.994, de 14/12/2004, e 12.192, de 14/01/2010.

Catalogação na Fonte
Elaborado por: Dayanne Leal Souza
Bibliotecária CRB 9/2162

S2371
2024
	Santos, Emilene Coco dos
	    Linguagem escrita e a criança com autismo / Emilene Coco dos Santos.
	– 2. ed. – Curitiba: Appris, 2024.
	    181 p. : il. ; 21 cm. (Coleção Educação e Direitos Humanos: Diversidade de Gênero, Sexual e Étnico-Racial).
	
	    Inclui referências.
	    ISBN 978-65-250-6286-0
	
	    1. Educação. 2. Direitos humanos. 3. Diversidade. 4. Autismo.
	  I. Santos, Emilene Coco dos. II. Título. III. Série.
	
	                                                                                                                  CDD – 371

Livro de acordo com a normalização técnica da ABNT

Appris
editora

Editora e Livraria Appris Ltda.
Av. Manoel Ribas, 2265 – Mercês
Curitiba/PR – CEP: 80810-002
Tel. (41) 3156 - 4731
www.editoraappris.com.br

Printed in Brazil
Impresso no Brasil

Emilene Coco dos Santos

LINGUAGEM ESCRITA E A CRIANÇA COM AUTISMO

Appris editora

Curitiba - PR
2024

FICHA TÉCNICA

EDITORIAL Augusto Coelho
Sara C. de Andrade Coelho

COMITÊ EDITORIAL Ana El Achkar (UNIVERSO/RJ)
Andréa Barbosa Gouveia (UFPR)
Conrado Moreira Mendes (PUC-MG)
Eliete Correia dos Santos (UEPB)
Fabiano Santos (UERJ/IESP)
Francinete Fernandes de Sousa (UEPB)
Francisco Carlos Duarte (PUCPR)
Francisco de Assis (Fiam-Faam, SP, Brasil)
Jacques de Lima Ferreira (UP)
Juliana Reichert Assunção Tonelli (UEL)
Maria Aparecida Barbosa (USP)
Maria Helena Zamora (PUC-Rio)
Maria Margarida de Andrade (Umack)
Marilda Aparecida Behrens (PUCPR)
Marli Caetano
Roque Ismael da Costa Güllich (UFFS)
Toni Reis (UFPR)
Valdomiro de Oliveira (UFPR)
Valério Brusamolin (IFPR)

SUPERVISOR DA PRODUÇÃO Renata Cristina Lopes Miccelli

REVISÃO Amanda Burda de Oliveira

DIAGRAMAÇÃO Ana Beatriz Fonseca

CAPA Isabelle Natal

REVISÃO DE PROVA Renata Cristina Lopes Miccelli

COMITÊ CIENTÍFICO DA COLEÇÃO EDUCAÇÃO E DIREITOS HUMANOS: DIVERSIDADE DE GÊNERO, SEXUAL E ÉTNICO-RACIAL

DIREÇÃO CIENTÍFICA Toni Reis

CONSULTORES
Daniel Manzoni (UFOP)
Belidson Dias (UBC Canadá)
Jaqueline Jesus (UNB)
Leonardo Lemos (Unicamp)
Wanderson Flor do Nascimento (UNB)
Marie Lissette (The American)
Guilherme Gomes (PUCRS)
Cleusa Silva (Unicamp)
Sérgio Junqueira (Univ. Pontifícia Salesiana-Roma-Italia)
Alexandre Ferrari (UFF)
Araci Asinelli (UFPR)
Fabio Figueiredo (PUCMG)
Grazielle Tagliamento (USP)
Magda Chinaglia (Unicamp)
Miguel Gomes Filho (Faed-UFGD)

Tereza Cristina (UFBA)
Jucimeri Silveira (PUC-SP)
Marcelo Victor (UFMS)
Cristina Camara (IFCS/UFRJ)
Vera Marques (Unisinos)
Antonio Pádua (UFRJ)
Lindamir Casagrande (UTFPR)
Mario Bernardo (UFRJ)
Helena Queiroz (Universidad de La Empresa-Montevidéu)
Moisés Lopes (UNB)
Marco José de Oliveira Duarte (UERJ)
Marcio Jose Ornat (UEPG)

À Emilly, que me ensina a cada dia o quanto é importante ser criança.
Ao meu amor, Sandro, pela paciência, pelo companheirismo e apoio de sempre.
À minha mãe, que, mesmo sem saber o significado deste trabalho, ficou ao meu lado nos momentos mais difíceis.

PREFÁCIO

O movimento de inclusão escolar tem permitido trazer à baila questões pungentes, as quais até há pouco tempo tinham limitada visibilidade na área educacional, como a educação de crianças e jovens com autismo.

No movimento de circunscrição da síndrome, de sua etiologia, diagnóstico e possibilidades de tratamento, muitos pesquisadores da área da psiquiatria têm dado contribuições inestimáveis. Estudos como os de Eugen Bleuler, que utiliza o termo "autismo" para se referir a uma patologia que tinha entre seus sintomas o isolamento da pessoa, e de Leo Kanner, que na década de 1940 divulga os resultados de seus primeiros estudos sobre os "distúrbios autísticos de contato afetivo" entre crianças, e de Lorna Wing, divulgados na década de 1970, os quais incidem sobre o diagnóstico de autismo, possibilitaram o desenvolvimento de muitas pesquisas, em diferentes áreas e sob diferentes perspectivas.

Nesse contexto, ainda têm sido tímidos os estudos desenvolvidos na área educacional de forma a contribuir para a compreensão do desenvolvimento e da educação de crianças e jovens com autismo. Restritos, durante décadas, às clínicas psiquiátricas, às escolas especializadas e/ou à convivência com a família, sujeitos com diagnóstico de autismo adentram na escola regular, sobretudo, a partir de 2008, com a publicação da Política Nacional de Educação Especial na Perspectiva da Educação Inclusiva. A partir das determinações desse documento oficial, crianças e jovens com diagnóstico de autismo passam a compor o grupo daqueles que possuem "transtornos globais do desenvolvimento", devendo ser matriculadas no ensino comum e receber atendimento educacional especializado apropriado às suas necessidades educativas especiais.

Desde então, observamos um investimento em ações e programas em nível nacional, estadual e municipal de forma a promover condições adequadas à escolarização dessas crianças e jovens, embora muito há, ainda, que se discutir, problematizar e rever no que tange às ações implementadas nessas diferentes instâncias. A cada ano crescem as demandas de matrícula, de atendimento especializado e de profissionais preparados para atuar com esses estudantes na escola básica. E é nesse contexto que questões referentes ao desenvolvimento e à aprendizagem desses sujeitos começam a ter mais visibilidade na área educacional.

Afinal, quem são esses sujeitos? Como são concebidos pela escola? Como conhecê-los? De que maneira possibilitar sua inserção na escola regular e o acesso ao currículo escolar? Que readequações são necessárias na escola como um todo de maneira a promover avanços em seu aprendizado e desenvolvimento? Essas são questões que têm acompanhado o cotidiano de profissionais da escola e de pesquisadores interessados no processo de escolarização desses sujeitos.

O estudo desenvolvido por Emilene Coco dos Santos assume o desafio de mergulhar em algumas dessas questões. A pesquisadora adentra na escola e busca compreender os movimentos instituídos nessa instituição a partir da matrícula de uma criança com diagnóstico de autismo nos anos iniciais do ensino fundamental. E, nesse contexto, ela se depara com as tentativas da escola de alfabetização de Rafael, um aluno com autismo.

A alfabetização de muitos alunos público-alvo da educação especial tem se colocado como uma grande empreitada por parte dos professores. A apropriação da linguagem escrita implica, por parte do alfabetizando, o desenvolvimento de funções mentais que lhe permitam uma atuação refinada no plano simbólico. Sob perspectivas diferenciadas, as investigações de Lev S. Vigotski, Alexander Luria e Emília Ferreiro apontam múltiplos aspectos em jogo no processo de aprender a ler e a escrever, e fornecem subsídios para a prática pedagógica.

Assim, a autora enfoca aspectos da etapa inicial de apropriação da escrita por parte de Rafael, busca em relatórios produzidos durante o período em que o estudante frequentava a educação infantil e o ensino fundamental elementos para compreender os percursos de ensino e de aprendizado. A pesquisadora perscruta documentos, observa, e interage com a criança; orientada pela perspectiva do trabalho colaborativo, dialoga com profissionais e auxilia no trabalho educativo. Nesse processo, brinda-nos com um movimento de pesquisa em que a produção de conhecimento está comprometida com o rigor científico, mas também com os profissionais da escola, com o aprendizado da criança com autismo e com a construção de uma escola efetivamente inclusiva.

O estudo indica que, dependendo das peculiaridades do desenvolvimento da criança com autismo, a alfabetização pode ser um processo lento, perpassado por "avanços e aparentes retrocessos". As possibilidades de conquistas dessa criança têm uma forte vinculação com os investimentos educativos, caracterizados pela crença em suas possibilidades educativas e pelo desenvolvimento de uma prática pedagógica em permanente avaliação e recriação, de maneira a atender às necessidades do estudante.

Sem dúvidas, o livro *Linguagem escrita e a criança com autismo* traz contribuições valiosas para a compreensão dos processos de escolarização de crianças com autismo no ensino fundamental e, mais especificamente, de aspectos implicados em seu processo de alfabetização no ensino fundamental, constituindo-se em uma leitura indispensável para professores e alunos de cursos de licenciatura e demais profissionais que atuam com essas crianças. Desejamos a todos uma boa leitura!

Ivone Martins de Oliveira
Agosto de 2015

SUMÁRIO

INTRODUÇÃO 13

CAPÍTULO 1
O DIÁLOGO COM A LITERATURA 17

CAPÍTULO 2
O CONTEXTO DA ESCOLARIZAÇÃO DA CRIANÇA COM AUTISMO 25

2.1 Autismo Infantil 27
2.2 Autismo e Escolarização: da Exclusão à Inclusão 31

CAPÍTULO 3
DESENVOLVIMENTO INFANTIL, AUTISMO E LINGUAGEM ESCRITA: CONTRIBUIÇÕES DA PERSPECTIVA HISTÓRICO-CULTURAL 39

3.1 O Papel do Outro e da Linguagem no Desenvolvimento Infantil 40
3.2 A Pré-História da Linguagem Escrita 50

CAPÍTULO 4
A ESCOLARIZAÇÃO DA CRIANÇA COM AUTISMO 59

4.1 Rafael: a Compreensão sobre os Diferentes Tempos e Espaços da Escola e a Constituição de Si como Aluno 61
4.2 Os Profissionais e o Trabalho Educativo: o Planejamento Coletivo e as Ações Implementadas 78

CAPÍTULO 5
O DESENVOLVIMENTO DE RAFAEL EM RELAÇÃO À LEITURA E À ESCRITA 101

5.1 Aspectos do Percurso de Simbolização: Gestos, Desenhos e Linguagem Escrita 102
5.2 Aspectos do Desenvolvimento da Linguagem Escrita 121
    5.2.1 A Leitura 126

5.2.2 A Escrita 144
    5.2.2.1 Contribuições dos Relatórios e Entrevistas para a Compreensão do Desenvolvimento da Escrita 145
    5.2.2.2 Contribuições das Ações Colaborativas para a Compreensão do Desenvolvimento da Escrita 154

ANTES DE CONCLUIR 171

REFERÊNCIAS 177

INTRODUÇÃO

> *Primeiro, como acontece com qualquer criança, não existem duas crianças autistas que sejam idênticas. O que dá certo com uma pode não funcionar com outra.*
>
> (TEMPLE GRANDIN, 1999)

O aumento do número de matrículas de crianças com autismo na escola comum, nos últimos anos, tem despertado a discussão a respeito de quem são essas crianças, como aprendem, que práticas educativas são adotadas pelos professores. Esses são os questionamentos presentes nas escolas e nos principais programas de pós-graduação. A discussão é relevante no meio acadêmico, uma vez que ainda não temos muitas respostas sobre a escolarização de tais crianças no ensino comum.

Por outro lado, a experiência educativa no espaço escolar é fundamental para o desenvolvimento da criança com autismo, considerando que é o lugar de se estabelecer relações e ações potencializadoras para a aprendizagem da nossa cultura.

O interesse no debate sobre a escolarização das pessoas com autismo fomentou a escolha pelo tema deste trabalho que faz parte de meu percurso nos caminhos da Educação Especial. Reúno neste livro os principais resultados discutidos em uma pesquisa que buscava compreender os percursos de escolarização de uma criança com autismo no ensino comum nos anos iniciais do ensino fundamental, prioritariamente quanto à apropriação da linguagem escrita. Além dos professores, outros profissionais e as famílias terão acesso ao conteúdo desta obra, que contribui para uma aposta no desenvolvimento e aprendizagem das pessoas com autismo.

Minha trajetória docente, após a conclusão da graduação, inclui vivência na educação especial em dois momentos: o primeiro, com um contrato temporário na Associação de Pais e Amigos dos Excepcionais (Apae) – Vitória. Nesse espaço, planejava e desenvolvia atividades (na área de educação física) para crianças com deficiência mental e autismo. Descobri que as possibilidades de trabalho, nessa realidade tão diferente, traziam muitas angústias em relação ao trabalho pedagógico desenvolvido, mesmo com as pequenas conquistas percebidas nas atividades com os alunos.

O segundo momento, vivido em outro contexto, atuando no ensino fundamental como professora de educação especial em uma escola municipal. Minhas inquietações sobre a temática discutida neste livro surgiram a partir dessa vivência profissional, sobretudo, pelas dificuldades no trato com as questões pedagógicas. Essas situações remetem à reflexão quanto aos caminhos percorridos pela educação especial no processo de inclusão, à organização da escola e também à percepção de como esses aspectos interferem na prática pedagógica.

Minha atenção se dirige, em especial, às pessoas com autismo, pelo fato de colaborar com o processo de inclusão de uma criança no ensino comum e pelas dificuldades, limitações e conflitos vividos pela escola na construção de uma prática pedagógica que promovesse avanços em seu desenvolvimento.

Destaco os conflitos encontrados na relação que a escola estabelece com o ensino da linguagem escrita para um sujeito com autismo. Esse tema é de interesse e faz parte da vivência de alguns dos profissionais da escola, que se indagam criticamente a respeito de como vêm sendo atendidos os alunos com autismo no ensino comum, considerando o processo de alfabetização. Assim, o problema deste estudo consiste em compreender a seguinte questão: como ocorre o desenvolvimento da leitura e da escrita da criança com autismo no ensino comum?

Apresento, neste livro, discussões importantes que contribuem na compreensão de como ocorre o desenvolvimento da leitura e da escrita na criança com autismo no ensino comum, fundamentadas nos pressupostos da psicologia histórico-cultural de Vigotski e colaboradores, especificamente, nas elaborações construídas sobre o papel do outro e da linguagem na constituição do sujeito com autismo. Assim, as contribuições decorrentes deste estudo foram organizadas em seis capítulos.

Inicialmente, apresento a configuração do problema a partir da minha vivência e constituição como professora de educação especial. No primeiro capítulo, situo o diálogo com a produção acadêmica referente à escolarização da criança com autismo, procurando destacar os resultados das pesquisas analisadas e as possíveis aproximações com o tema da pesquisa, em um diálogo constante com a literatura. No segundo capítulo, discuto brevemente as diferentes concepções de autismo infantil e abordo a escolarização da criança com autismo partindo do período de sua exclusão do ensino comum até a busca pela inclusão escolar. No terceiro capítulo, discorro sobre o desenvolvimento infantil, aprendizado e autismo a partir das contribuições da perspectiva histórico-cultural, considerando o papel do outro e da linguagem no desenvolvimento infantil e a construção da leitura e da escrita. No quarto e quinto capítulo, trato do desenvolvimento do aluno com autismo em relação à leitura e à escrita, enfocando aspectos do percurso de simbolização da criança com autismo, relevantes para o aprendizado da linguagem escrita. São focalizadas passagens do trabalho pedagógico desenvolvido e possíveis contribuições para o desenvolvimento da criança em relação à leitura e à escrita. Para concluir, teço algumas considerações sobre o desenvolvimento de uma criança com autismo em relação à linguagem escrita. A análise dos dados aponta que seu percurso teve momentos de avanços e retrocessos em um movimento não linear. Por outro lado, indica que o trabalho pedagógico realizado proporcionou avanços no aprendizado da linguagem escrita e também no próprio funcionamento mental da criança, expressos em mudanças nas formas de atenção e regulação da própria conduta.

Acredito, assim, que este trabalho contribuirá com as discussões a respeito da apropriação da linguagem escrita pela criança com autismo e sua escolarização, porque traz à tona questões e reflexões sobre a necessidade de avançar em relação ao olhar das impossibilidades de quem não consegue ver a criança além do autismo.

CAPÍTULO 1

O DIÁLOGO COM A LITERATURA

> [...] pode-se compreender a palavra 'diálogo' num sentido amplo, isto é, não apenas como a comunicação em voz alta, de pessoas colocadas face a face, mas toda comunicação verbal, de qualquer tipo que seja
>
> (BAKHTIN, 2010a)

A partir do interesse em investigar a apropriação da linguagem escrita pela criança com autismo no contexto do ensino fundamental, principalmente nos anos iniciais, dialogamos com as pesquisas científicas realizadas recentemente, na busca pelas contribuições quanto aos caminhos para a escolarização dessas crianças.

Não foram encontrados estudos que discutissem diretamente a apropriação da linguagem escrita no ambiente escolar. Assim, fizemos a opção por selecionar os trabalhos que abordaram o ensino e a aprendizagem no processo de inclusão do aluno com autismo no ensino comum.

Dentre esses trabalhos, estão as pesquisas de Vasques (2003, 2008), com um olhar da psicanálise, e de Martins (2009), Cruz (2009) e Chiote (2011), a partir da perspectiva histórico-cultural.

Em seu estudo, Vasques (2003) destaca o papel constitutivo do educador e da instituição escolar para os sujeitos com autismo e com psicose infantil, a partir da aposta no sujeito e na educação como agente humanizador. Ressalta a importância da experiência escolar como um fator diferencial no desenvolvimento global dos sujeitos e afirma que a escola é um lugar no qual não se aprende apenas conhecimentos das áreas específicas, mas também conhecimentos que são constituintes do humano, relacionados com a história e a cultura, de modo a estabelecer vínculos entre os sujeitos.

A autora aborda as possibilidades de escolarização das crianças com psicose e autismo infantil, sem desconsiderar ou minimizar as dificuldades e desafios no atendimento e na escolarização dessas crianças. Ressalta, em todo o trabalho, a aposta na educabilidade dos sujeitos como condição para a construção de possibilidades de enfrentar os desafios e elaborar processos educativos, contribuindo, assim, "[...] para a construção de um novo olhar acerca desses sujeitos, trincando, rompendo e interrogando conceitos marcados pela ineducabilidade e pela impossibilidade" (VASQUES, 2003, p.144).

Em outro estudo, Vasques (2008) analisa as pesquisas produzidas nos Programas Brasileiros de Pós-Graduação, entre 1978 e 2006. Nos eixos de análise, a autora evidencia o lugar conferido à escola e à escolarização para esses sujeitos. Analisa 43 pesquisas produzidas pelos programas, sendo possível perceber a complexidade da temática, com múltiplas interpretações, em uma pluralidade de perspectivas. Apesar dessa multiplicidade, constata que, no diagnóstico, é frequente a noção de anormalidade e desvio. Os diagnósticos descrevem a natureza, a essência de ser autista reduzida aos sintomas e comportamentos considerados impeditivos ou dificultadores do processo de escolarização, determinando um caminho naturalizado de acordo com a gravidade, traçado e definido pelas características internas e externas do sujeito, objetivando o controle/correção do comportamento.

O referencial teórico utilizado pela autora neste estudo também é a psicanálise, a fim de analisar o processo de subjetivação e inserção de crianças com autismo e psicose infantil no mundo da linguagem, enfatizando o papel do outro na (im)possibilidade educacional dessas crianças. A autora nos convida a colaborar com as pesquisas sobre a escolarização de crianças com autismo, instigando-nos a construir um olhar de possibilidade sobre os sujeitos com psicose e autismo infantil, tendo um cuidado com a valorização dos diagnósticos que amarram o trabalho escolar, buscando as possibilidades subjetivas e educacionais dessas crianças.

Outros estudos baseados na abordagem histórico-cultural também dão relevância ao papel do outro no desenvolvimento de crianças com autismo, por compreenderem a constituição da criança e do adolescente com autismo como um processo de significação nas relações que são possibilitadas com o meio social e cultural.

O estudo de Martins (2009) situa o indivíduo com autismo no meio social, nas relações estabelecidas/mediadas pelos outros, uma vez que ele se encontra imerso no mundo social desde sua concepção. Sem negar os comprometimentos relacionados com a interação com o outro e a linguagem, considera que a pesquisa sobre o papel do outro na constituição do sujeito, no processo de mediação das relações sociais, se torna um desafio para se compreender o autismo, visto que uma das peculiaridades apontadas no autismo é justamente o evitar/ignorar o outro.

A autora afirma, assim com Vasques (2008), que a formação dos sujeitos com autismo é afetada por esse outro; então, é preciso ressignificar os modos como os outros percebem esses sujeitos, inicialmente, desgarrando-se dos diagnósticos meramente clínicos.

A autora analisou a situação de brincadeira, considerando o papel do brincar no desenvolvimento infantil como atividade principal. Ao agir com o brinquedo de forma lúdica, a criança envolve-se em um mundo ilusório no qual ressignifica a realidade social, de modo a encenar, dramatizar situações vividas, criando novas combinações por meio da imaginação e atribuindo todo um significado real a essa vivência. Segundo Martins (2009, p. 68), "[...] a brincadeira enquanto atividade cultural é aprendida com o outro em contextos nos quais lhe é atribuído esse sentido".

Em seu estudo, Martins (2009) constata que há pouco investimento nas interações em situações de brincadeira devido à falta de retorno das crianças com autismo no processo interativo. Busca acenar para outras possibilidades de interação com esses sujeitos e destaca a importância de, no trabalho com crianças autistas,[1] se ter sensibilidade para observar as minúcias e os indícios de outros comportamentos, proporcionando interações ampliadas pela significação desse outro. Provoca-se, assim, um movimento contrário ao que se encontra cristalizado, tentando interagir com esses sujeitos na busca de atribuir significado às suas vivências e à sua inserção na cultura.

De acordo com Martins (2009), é preciso possibilitar novos encontros com o outro, uma aproximação desse sujeito que volte a atenção para as possibilidades, rompendo com o isolamento gerado pela característica do transtorno. É importante questionar não somente como o sujeito com autismo se relaciona com o outro, mas também como o outro se relaciona com ele e, desse modo, buscar inovações nas práticas sociais voltadas ao tratamento e à educação dessas crianças.

Esse estudo nos ajuda a compreender a importância da relação como o outro no processo de constituição do sujeito e mostra que, no caso da pessoa com autismo, isso não pode ser ignorado, antes, é oportuno criar momentos variados de experiências sociais ricas e estimulantes. Em nosso caso, o espaço escolar é um local possível para que essa prática social se concretize. Esse estudo sobre a brincadeira e a imaginação aponta contribuições para compreender o funcionamento mental do sujeito com autismo e suas possibilidades para o aprendizado da língua escrita. A brincadeira tem um papel importante nesse processo por permitir, entre outros aspectos, o desenvolvimento de funções psíquicas que são base para a apropriação da linguagem escrita.

---

[1] Termo utilizado pela pesquisadora. Fizemos a opção por usar o termo "pessoa com autismo", considerando-a como sujeito em constituição.

Outro estudo que contribui para o nosso entendimento quanto às relações vivenciadas pelos alunos com autismo no ensino comum com seus pares e professores é a pesquisa de Cruz (2009), que busca compreender os processos de ensino-aprendizagem de indivíduos com autismo, por meio de uma pesquisa sobre a experiência de dois adolescentes autistas matriculados em uma escola de ensino regular.

Para a autora, as dificuldades derivadas das insuficiências presentes nos autistas[2] são, antes de tudo, significadas pelo grupo social que os constitui como capazes ou incapazes. Reportando-se a Vigotski (1997) relata que, historicamente, a sociedade determina os normais/anormais, delimitando posições que controlam as experiências, relações e espaços/lugares ocupados pelos indivíduos, excluindo da escola regular quem se desvia do percurso esperado e atribuindo ao sujeito e à sua deficiência as causas de suas limitações.

Com base na perspectiva histórico-cultural, a autora compreende o desenvolvimento humano como um processo constante, que envolve o sujeito, a mediação e o mundo social/cultural. O sujeito se constitui na vida social, no convívio social, no contato com os mediadores que contribuem para provocar avanços nesse sujeito e são transformados por ele em uma relação dialética. Sendo assim, as experiências sociais vividas pelas pessoas com autismo são caracterizadas pelo baixo nível de interação com o outro e de investimento do outro por conta de seus comprometimentos. Isso pode ser um reflexo da compreensão restrita da sociedade em relação às pessoas com autismo, ponto também discutido por Martins (2009) e Vasques (2003; 2008).

No estudo de Cruz (2009, p. 86), os professores entrevistados têm a concepção de que o papel do professor "[...] é de mediador e facilitador nos processos de ensino e aprendizado dos educandos,

---

[2] Termo utilizado pela pesquisadora. Fizemos a opção por usar a expressão "pessoa com autismo", considerando-a como sujeito em constituição.

mas argumentam que o compromisso é de todos para que a inclusão se efetive". As respostas às entrevistas revelam que oferecer aos alunos com autismo um ensino diferenciado é algo que os professores dizem que não sabem fazer e apontam, como principais problemas, as condutas dos sujeitos, que são pouco compreendidas e dificultam o trabalho educativo. Os professores declararam que tentam fazer o melhor, mas consideram-se despreparados, pois não receberam, na formação ou em capacitações, conhecimentos para trabalhar com o autismo. Relacionam como problema para que a inclusão não seja tomada como responsabilidade individual do docente: a falta de ajuda de profissionais especializados e a necessidade do envolvimento de toda a comunidade escolar.

Esses dados também foram observados no estudo de Chiote (2011), no espaço da educação infantil. Buscando analisar os processos de significação que atravessam a mediação pedagógica com a criança com autismo, essa autora discute como as professoras podem participar do desenvolvimento cultural do aluno.

A pesquisadora destaca as mediações tecidas nos processos de significação dos espaços e tempos da educação infantil a partir dos encontros e desencontros instaurados durante a pesquisa. Relata e analisa o movimento de ampliação do olhar de adultos e crianças da turma para a criança com autismo e as possibilidades da mediação pedagógica na condução e orientação dessa criança pelos diferentes espaços e tempos.

Assim como Martins (2009), Chiote (2011) aborda o processo de mediação pedagógica no brincar, compreendendo que o brincar é uma atividade que a criança aprende no meio social, em interação com adultos e crianças na situação de brincadeira. Um dos pontos altos analisados foram os avanços da criança com autismo nas brincadeiras de faz de conta com a participação do adulto e das outras crianças.

Assim, é possível afirmar que os caminhos para a inclusão na escola, na perspectiva inclusiva, são cheios de obstáculos, relacionados com problemas de formação inicial e continuada, com o interesse pela educação na diversidade em uma perspectiva inclusiva, com o acesso ao currículo pelos alunos com autismo, entre outros pontos-chave para questionarmos e entendermos a inclusão como está posta.

Os estudos supracitados contribuem para este trabalho uma vez que abordam a possibilidade de escolarização do aluno com autismo. Em todos os achados, fica clara a importância do outro na relação e na constituição do sujeito ativo e capaz de se desenvolver no grupo, interagindo com seus pares. Na escola, precisamos avançar com referência à visão do papel desempenhado por aqueles que atuam nesse espaço destinado apenas à socialização desses alunos e buscar estratégias que realmente façam a escola cumprir a sua função de ensinar com compromisso político e ético, levando em consideração a história e cultura do sujeito.

Os estudos apontam a possibilidade de um funcionamento mental mais complexo pela criança com autismo quando se considera o papel que o outro e a linguagem desempenham na apropriação do conhecimento cultural.

Não havia a pretensão, nos estudos apresentados, de discutir o processo de construção da leitura e da escrita para os sujeitos com autismo. Assim, entendemos que essa é a principal contribuição deste trabalho. No entanto, antes de entrarmos nesse debate, discutiremos sobre o processo histórico de escolarização dos sujeitos com autismo. Para isso, apresentaremos suas peculiaridades à luz dos estudos sobre autismo, traçando um breve histórico dos caminhos percorridos na sua escolarização, desde sua exclusão até o acesso à educação na perspectiva inclusiva.[3]

---

[3] Chamamos de perspectiva inclusiva o processo de escolarização do aluno com deficiência, transtorno global do desenvolvimento e altas habilidades ou superdotação, reconhecendo os desafios existentes para que se efetive a inclusão, como: políticas públicas voltadas para ações inclusivas, formação de professores, materiais e equipamentos e acompanhamento pedagógico.

CAPÍTULO 2

O CONTEXTO DA ESCOLARIZAÇÃO DA CRIANÇA COM AUTISMO

> *A inserção do sujeito na escola deve ter como conseqüência a possibilidade de se apropriar da produção, dos instrumentos/modos de produção e da consciência da produção cultural como tal, ou seja, como produto do pensar e fazer humanos e, portanto, sujeita a rupturas e transformações*
>
> (ROCHA, 2000)

Por muito tempo perdurou o entendimento de que a educação especial, organizada de forma paralela ao ensino comum, seria mais apropriada à aprendizagem de alunos com necessidades educativas especiais por deficiência e transtornos globais do desenvolvimento. Essa concepção exerceu impacto duradouro na história da educação especial, resultando em práticas que enfatizavam aspectos relacionados com a deficiência, em contraposição à dimensão pedagógica e social. Além disso, deixou marcas na apropriação cultural das pessoas que tinham acesso somente à escola especial.

> Um ambiente inadequado e a influência que surge durante o processo de desenvolvimento da criança de forma muito frequente e violenta conduzem a criança com retardo mental a momentos negativos adicionais que, longe de ajudar a superar o retardo, pelo contrário, acentuam e agravam sua insuficiência inicial (VIGOTSKI, 1997, p.142, tradução nossa).[1]

---

[1] "Un ambiente malo y la influencia que surge durante el proceso de desarrollo del niño, my frecuente y violentamente conducen al niño mentalmente retrasado a momentos negativos adicionales que, lejos de ayudar a superar el retraso, por el contrario, acentúan y agravan su insuficiencia inicial" (VIGOTSKI, 1997, p.142).

O aumento dos estudos no campo da educação e a defesa dos direitos humanos, vêm modificando conceitos, legislações, práticas pedagógicas e de gestão, promovendo a reestruturação do ensino comum e especial. Isso pode ser observado, principalmente, no final do século XX. Assim, em 1994, a Declaração de Salamanca estabelece como princípio que as escolas do ensino comum devem educar **todos** os alunos, em repúdio à exclusão escolar das diferenças (cognitivas, linguísticas, étnicas, culturais, de superdotados, ou em desvantagem social, dos que vivem nas ruas ou dos que não trabalham).

Nesse período, a discussão na educação brasileira girava em torno de que o processo de educação especial pode ser feito na perspectiva da integração, em que o acesso de alunos com deficiência no ensino comum é admitido aos que podem acompanhar as atividades curriculares programadas do ensino comum no mesmo ritmo que os ditos "normais", ou na perspectiva da inclusão, em que os sistemas de ensino devem organizar condições de acesso a espaços, recursos pedagógicos e comunicação possibilitadores de aprendizagem e valorização das diferenças, de forma a atender às necessidades educacionais de todos os alunos.

Para tanto, o poder público deveria assegurar que crianças e pessoas com deficiência, em igualdade de condições com as demais pessoas na comunidade em que vivem, sejam incluídas no sistema educacional de qualidade, gratuito e obrigatório, compatível com a meta de inclusão plena, adotadas medidas individualizadas (quando necessário) de apoio em ambientes que maximizem o desenvolvimento acadêmico e social e com acesso a adequações de acordo com as necessidades de cada um.

Contudo, historicamente, podemos dizer que nem todas as pessoas com deficiência e transtornos tiveram acesso ao ensino comum, mesmo depois que a legislação caminhou em direção à inclusão.

Em relação às pessoas com autismo, na busca pelo direito à escolarização, encontramos dúvidas, angústias e receios que se estabelecem dentro do espaço escolar, quando discutimos sobre inclusão desses sujeitos. A respeito do próprio termo *autismo*, ainda não temos certeza quanto à sua causa, nem temos a intenção de focalizar esse assunto, mas torna-se necessário fazer uma retomada breve dos principais conceitos existentes sobre o autismo, apontando suas aproximações e controvérsias, para, em seguida, discutirmos o nosso ponto de vista em relação ao tema.

2.1 Autismo Infantil

Apesar das pesquisas e investigações clínicas realizadas em diferentes áreas e abordagens de trabalho, não podemos afirmar que o autismo seja um transtorno claramente definido. Bosa (2002, p. 22), em uma revisão da literatura existente sobre o assunto, faz um resgate do conceito historicamente construído e nos esclarece que o autismo é encontrado como:

> [...] síndrome comportamental, síndrome neuropsiquiatra/neuropsicológica, como transtorno invasivo do desenvolvimento, transtorno global do desenvolvimento, transtorno abrangente do desenvolvimento, transtorno *pervasivo* do desenvolvimento (essa palavra não consta no Aurélio!), psicose infantil, precoce, simbiótica, etc. Ouve-se falar em pré-autismo, pseudo-autismo e pós-autismo. E está instaurada a confusão!

Essa confusão na tentativa de conceituar o autismo deixou na história "[...] uma grande controvérsia com relação à distinção entre autismo, psicose e esquizofrenia" (BOSA, 2002, p. 28).

Para Camargo e Bosa (2009, p. 68), atualmente há uma tendência em conceituar o autismo "[...] como uma síndrome comportamental, de etiologias múltiplas, com intensas implicações para o desenvolvimento global infantil".

Os primeiros estudos que definiram as peculiaridades desses sujeitos são os de Kanner, em 1943, e Asperger, em 1946 (apud KANNER, 1996). Léo Kanner observou 11 crianças em idades escolares (8 meninos e 3 meninas) e descreveu seus comportamentos da seguinte forma:

> Em 1943 comuniquei onze casos de crianças com tendência de se retrair antes de completarem um ano de idade. [...] O denominador comum desses pacientes é sua impossibilidade de estabelecer, desde o começo da vida, interações esperadas com as pessoas e as situações. [...] apreciam ser deixados sozinhos, agindo como se as pessoas em volta não estivessem ali [...]. Quase todas as mães relatam a perplexidade causada pelo fato de seus filhos, diferentemente das demais crianças, não desejarem ser tomados em seus braços (KANNER, 1966, p. 720, tradução nossa).[2]

O trabalho de Asperger só veio a se tornar conhecido nos anos 1970, quando a médica inglesa Lorna Wingo traduziu para o inglês. Foi a partir daí que um tipo de autismo de "alto desempenho"[3] passou a ser denominado síndrome de Asperger.

Os estudos de Kanner (1966) e Asperger (1996) se aproximam na observação das peculiaridades dos aspectos descritos com exceção da comunicação e da linguagem. Asperger mostrava mais preocupação com a educabilidade dos sujeitos observados em seus estudos; já Kanner não demonstou esse interesse.

---

[2] "Em 1943 comuniqué once casos de niños que denotaron tendencia al retraimiento antes de haber cumplido un año de edad. [...] El denominador comum de estos pacientes es su imposibilidad de establecer desde el mismo comienzo de la vida conexiones ordinarias con las personas y las situaciones. [...] que están contentos cuando los dejan solos, que actúan como si las personas que los rodean no estuvieran [...]. Casi todas las madres recuerdan el asombro que lês producía el hecho de que sus hijos no adotaran la posición própria de los niños que quieren que los tomen em brazos" (KANNER, 1966, p. 720).

[3] Essa característica é apontada por Asperger para os sujeitos por ele observados, que conseguiam desenvolver interesse e uma habilidade maior para áreas, como português, matemática, música, dança, entre outras.

Segundo a opinião de Rocha (2007, p. 37), o autismo foi forjado "[...] num determinado contexto, marcado por imagens e metáforas que reforçam o lugar da impossibilidade e deficiência em que são colocadas as crianças assim diagnosticadas". Com isso, as ideias que levam as crianças a essa posição tendem a se naturalizar, como se as crianças fossem tomadas pelas "características" descritas por Kanner em 1943, não sendo possível alterações em sua configuração.

Para essa mesma autora, as marcas do texto de Kanner escrito na década de 40 parecem presentes na maioria das construções teóricas sobre o autismo, como a "[...]brincadeira do 'telefone sem fio', cada um entendeu e transmitiu a 'imagem' acústica que ressoava do artigo, tecendo com os próprios fios o quadro do autismo" (ROCHA, 2007, p. 40). E isso, de certa forma, trouxe consequências para as famílias quando deparadas com as informações sobre o desenvolvimento inflexível que os seus filhos teriam e os danos nas relações, já que por muito tempo o isolamento da criança foi naturalizado como condição "autista".

Nos anos 1950 e 1960, o psicólogo Bruno Bettelheim apontou que a causa do autismo poderia estar associada à indiferença da mãe, que denominou de "mãe-geladeira". De acordo com Belisário Filho (2010, p. 11),

> [...] a formulação dessa hipótese se baseava apenas na descrição de casos e não havia comprovação empírica. Posteriormente, essa correlação se mostrou falsa, pois estudos mostraram que não havia diferença significativa entre os laços afetivos de pais de crianças autistas e de outras crianças. Além disso, novos estudos evidenciavam a presença de distúrbios neurobiológicos.

Essas hipóteses sobre a causa do autismo trouxeram um impacto na relação dos pais com seus filhos e na configuração das escolas para o atendimento às pessoas com autismo. Bosa

(2002, p. 33) contribui para essa discussão quando diz que "[...] faz sentido supor que, quanto maior o nível de estresse familiar, maior a cristalização ou o escalonamento das dificuldades da criança, que, por sua vez, ressoa na família, em um círculo interminável". Não muito raro, famílias vivem o isolamento social, inclusive do convívio com os próprios parentes e amigos, contribuindo para um sentimento cada vez maior de culpa, angústia e incertezas em relação aos tratamentos e à educação de seus filhos.

Atualmente, o autismo está enquadrado nos transtornos globais do desenvolvimento,[4] e é utilizado, para o seu diagnóstico, o agrupamento de alguns critérios estabelecidos pelo *Manual Diagnóstico e Estatística de Transtornos Mentais* (DSM-IV)[5] e pela *Classificação Internacional de Doenças* (CID-10). De acordo com esses critérios, para ser considerada pessoa com autismo, a criança deve apresentar comprometimento em três áreas principais: alterações qualitativas das interações sociais recíprocas; modalidades de comunicação; interesses e atividades restritos, estereotipados e repetitivos.

É relevante considerar que existe uma heterogeneidade de comportamentos e atitudes entre as pessoas com autismo. Nem todas se comunicam mediante verbalização. Algumas aceitam o toque, enquanto outras rejeitam. Alguns comportamentos estereotipados podem estar presentes ou ausentes. Essas situações tornam os indivíduos únicos e distantes do olhar congelado sobre o autismo.

Assim, para além de discutir as causas do autismo, torna-se necessário avançar o debate das possibilidades de ações educativas que favoreçam o desenvolvimento da criança com autismo.

---

[4] Os transtornos globais do desenvolvimento são distúrbios nas interações sociais recíprocas que costumam manifestar-se nos primeiros cinco anos de vida. Caracterizam-se pelos padrões de comunicação estereotipados e repetitivos, assim como pelo estreitamento nos interesses e nas atividades.

[5] Editado pela Associação Psiquiátrica Americana (APA) (2003). O DSM-V foi traduzido para o português em 2014, apontando o Transtorno do Espectro Autista, que não será analisado nesta obra.

Conforme já sinalizado, a escola é o espaço para a criança ser criança (VASQUES, 2003), e ser criança envolve aprender com o outro no meio social, não importa quão diferente seja o seu desenvolvimento (VIGOTSKI, 1997).

Diante do exposto até o momento, considero importante contextualizar a escolarização da criança com autismo tomando como referência o período em que ela esteve excluída da escola até sua inserção pela matrícula no ensino comum.

2.2 Autismo e Escolarização: da Exclusão à Inclusão

A escolarização da criança com autismo passou por mudanças que incluíram a saída (ou permanência) das escolas especiais para o ensino comum. Contudo, essas mudanças não se efetivaram em um tempo curto, ao contrário, envolveram uma busca para ocupar um lugar na escola para todos, o que ainda não se configurou completamente na realidade brasileira.

No âmbito legal, os alunos com autismo eram considerados como portadores (termo utilizado na época) de condutas típicas. No documento Política Nacional de Educação Especial, de 1994, essas condutas são assim descritas:

> Manifestações de comportamento típicas de portadores de síndromes e quadros psicológicos, neurológicos ou psiquiátricos que ocasionam atrasos no desenvolvimento e prejuízos no relacionamento social, em grau que requeira atendimento educacional especializado (BRASIL, 1994, p. 14).

O referido documento não esclarece quais são os tipos de atrasos observados no desenvolvimento humano. Como atendimento educacional, essa política indicava ingresso em turmas de ensino regular *sempre que possível*, organização de ambiente educacional o menos restritivo possível e possibilidade de atendimento educacional especializado em caráter substitutivo. Porém, com a Política de Educação Especial na Perspectiva da Educação Inclusiva de 2008,[6] esses alunos passam a ser enquadrados entre aqueles com transtorno global do desenvolvimento, juntamente com os que apresentam "[...] síndromes do espectro do autismo e psicose infantil [...]" (p. 15).

Para Vasques (2011, p. 8), esse marco legal representa "[...] um 'nascimento simbólico' para estas crianças e adolescentes no campo da legislação educacional". Essa mesma autora chama a atenção para a repercussão do aumento da matrícula dessas crianças na escola, afirmando que isso favoreceu a discussão a respeito de quem são essas crianças, como aprendem, quais as práticas pedagógicas são adotadas, questionamentos que "[...] nascem da insatisfação, da instabilidade, do encontro e desassossego frente às tais crianças com autismo" (VASQUES, 2011, p. 9).

A política de 2008 faz a legislação caminhar e apontar novas orientações para a garantia de inclusão desses estudantes no ensino comum, pois, ao passo que é corroborada a permanência nas escolas comuns, pela via do Decreto nº 6.571/2008[7] e da Resolução nº 4/2009, são traçadas diretrizes para a oferta do atendimento educacional especializado.

No caso de alunos com transtornos globais do desenvolvimento, é acenado que essa população de estudantes, público-alvo para o atendimento educacional especializado,[8] será constituída por sujeitos que apresentam

---

[6] A partir da Política Nacional de Educação Especial na Perspectiva da Educação Inclusiva (2008), é definido que os alunos com deficiência, transtornos globais do desenvolvimento e altas habilidades/superdotação se configuram na população de estudantes com apoio da Educação Especial nos processos de ensino.

[7] Disponível em: <http://www.planalto.gov.br/ccivil_03/_Ato2007- 2010/2008/Decreto/D6571.htm>. Acesso em: 22 fev. 2011. Revogado pelo Decreto nº 7.611, de 2011.

[8] De acordo com o Decreto nº 6.571, de 17 de setembro de 2008, "[...] considera-se atendimento educacional especializado o conjunto de atividades, recursos de acessibilidade e pedagógicos organizados institucionalmente, prestado de forma complementar ou suplementar à formação dos alunos no ensino regular".

[...] alterações qualitativas das interações sociais recíprocas e na comunicação, um repertório de interesses e atividades restrito, estereotipado e repetitivo. Incluem-se nesse grupo alunos com autismo, síndromes do espectro do autismo e psicose infantil (BRASIL, 2008, p.15).

O direito à educação para esses alunos está garantido na legislação nacional, a saber, pela Constituição Federal do Brasil de 1988 e pela Lei de Diretrizes e Bases da Educação Nacional (LDB) nº. 9.394/96 e em vários outros documentos legais. Porém, no cotidiano escolar, percebemos que esse direito legal necessita se materializar pela via da ação pedagógica dos professores e da implementação de políticas públicas favorecedoras da inclusão escolar.

Muitas vezes, a articulação restrita das políticas públicas e a precariedade das ações pedagógicas dificultam a incorporação das necessidades de aprendizagem desses estudantes nas atividades vivenciadas pelo grupo de uma sala regular, pois a visão clínica está evidenciada, projetando a ideia de que esses estudantes necessitam de intervenções "curativas" às suas "deficiências" em detrimento do acesso ao conhecimento comum trabalhado no coletivo da turma.

Em nível nacional, os dados específicos sobre a matrícula dos alunos com transtornos globais do desenvolvimento no ensino comum não são facilmente identificados, mas, em relação à matrícula dos alunos com deficiência, segundo o resumo técnico do Censo Escolar 2010,[9] constata-se um aumento de 10% no número de matrículas nessa modalidade de ensino. Em 2009, havia 639.718 matrículas, e, em 2010, eram registradas 702.603. Os alunos com deficiência não estão mais só nas instituições especializadas; estão matriculados no ensino comum. Mas somente esse acesso não é suficiente para pensar na educação inclusiva; é preciso organizar a sua permanência no espaço escolar com qualidade de ensino.

---
[9] Disponível em: <http://www.inep.gov.br/basica/censo/Escolar/resumos_tecnicos.htm>. Acesso em: 14 abr. 2011.

As mudanças no fazer pedagógico, com relação às crianças com autismo foram possíveis a partir dos questionamentos em torno do próprio conceito de autismo empreendido pela abordagem interacionista de aprendizagem e desenvolvimento. Esses questionamentos voltavam-se não para a deficiência em si, mas para os contextos sociais de produção, manutenção e de reforçamento das inabilidades dos sujeitos com autismo, basicamente: não saber falar, não conseguir se comunicar, não interagir. Essa mudança de olhar não resolveu completamente a problemática colocada no processo educacional desses sujeitos, mas alertou acadêmicos, pais, professores e profissionais em geral sobre alternativas na prática pedagógica destinada aos sujeitos com autismo que, até aquele momento, basicamente, se centravam em rotinas duramente estabelecidas, a ponto de haver casos em que alguns professores ministravam os mesmos conteúdos em todas as aulas da semana (COSTA, 2007).

Ao contrário desse empobrecimento de conteúdos e rotinas rígidas e limitadoras do desenvolvimento da criança, entendo que a escolarização dos alunos com autismo deve ser perpassada por experiências significativas de aprendizagem, que precisam ser descobertas e tecidas na interação professor e aluno, professor e alunos e aluno. É nesse sentido que meu olhar, quanto às certezas sobre o sujeito com autismo, começa a ser questionado: afinal, esses sujeitos realmente não se relacionam porque não querem ou porque não têm oportunidade para isso? Até que ponto seus interesses são restritos por falta de experiências significativas? Conforme ressalta Monteiro (1998, p. 76):

> Na educação especial, o importante é conhecer como o aluno se desenvolve, ou seja, o significativo não é a deficiência em si mesma, não o que falta, mas, como se apresenta seu processo de desenvolvimento; como ele interage com o mundo; como organiza seus sistemas de

compensações; as trocas; as mediações que auxiliam na sua aprendizagem; a participação ou exclusão da vida social; a internalização dos papéis vividos; as concepções que se têm sobre si mesmo; a sua história de vida.

O processo de desenvolvimento da criança com autismo na escola está relacionado com o papel que o outro desempenha na mediação pedagógica, atribuição de sentido e apropriação cultural.

De acordo com Bridi (2006, p.63), "[...] incluir o aluno autista no ensino regular suscita uma série de adaptações e recursos para viabilizar o processo, devendo ser realizado de forma criteriosa e bem orientada, variando de acordo com as possibilidades do sujeito". Para Baptista (2002, p.131), essas adaptações e recursos se caracterizam como "[...] dispositivos que delimitam e viabilizam a experiência [...]", constituindo-se como garantia para efetivação do processo inclusivo.

Concordamos com Baptista (2002, p. 133) sobre os fatores básicos para dar respostas ao confronto que se estabelece na sala de aula, na presença do aluno com autismo entre outros com aparente desvantagem, ou seja, "[...] a confiança na capacidade do aluno e a prática pedagógica baseada na construção compartilhada de regras".

Reportando-se a Vigotski, a pesquisadora Góes ressalta o cuidado que se deve ter em não mais se considerar a deficiência (transtorno) como determinante do futuro desenvolvimento e aprendizado do sujeito. A autora chama a atenção para esse fato tão comum em nossa sociedade, em que os sujeitos com deficiência têm historicamente seu desenvolvimento com um destino certo, o fracasso, e alerta:

> Assim, o funcionamento humano vinculado a alguma deficiência depende das condições concretas oferecidas pelo grupo social, que podem ser adequadas ou empobrecidas. Não é o déficit em si que traça o destino da criança.

> Esse "destino" é constituído pelo modo como a deficiência é significada, pelas formas de cuidado e educação recebidas pela criança, enfim, pelas experiências que lhe são propiciadas (GÓES, 2002, p. 99).

Para Vigotski (1997), as crianças que apresentam uma deficiência, já nos primeiros anos de vida ocupam uma determinada posição social especial, e as suas relações como mundo acontecem de maneira diferente em comparação com as crianças sem deficiência. As crianças com deficiência são vistas pelo que lhes falta e não pelo que elas têm de potencial para o aprendizado. Contudo, esse mesmo autor, esclarece que as leis que regem o desenvolvimento são as mesmas para os sujeitos com ou sem deficiência.

Estamos diante de um sujeito em desenvolvimento, para além das peculiaridades do sujeito com autismo. Sua constituição como ser humano, criança, é mais ampla: antes de tudo, é ser que sente, que pensa, que tem alegria, medo, que se constitui humano a partir de sua relação com os seres humanos. Como todos os outros seres humanos, essa criança precisa da ação do outro para encontrar o seu lugar em uma sociedade, que está ainda longe de ser inclusiva. E a educação regular assume um papel importante nesse processo de sua constituição como criança e como aluno.

Segundo Kupfer (2001), a escola (seja ela regular ou especial) disponibiliza um espaço para crianças psicóticas ou com autismo com aparato simbólico por meio de leis e regras que ordenam a vida dos homens e, para a criança com dificuldade de laço social, um lugar possível. "A escola é uma instituição poderosa quando lhe pedem que assine uma certidão de pertinência: quem está na escola pode receber o carimbo de 'criança'" (KUPFER, 2001, p. 92).

É importante, além do entendimento sobre as peculiaridades da criança com autismo e seu histórico de escolarização, entender as relações existentes entre o aprendizado e o desenvolvimento infantil. Desse modo, o próximo capítulo trará as contribuições dos estudos de Vigotski (1983; 1997; 2000; 2004; 2007), Luria (1986; 2010) e Bakhtin (2010a; 2010b), sobre aprendizagem, desenvolvimento e a construção da leitura e escrita da criança, para subsidiar as discussões dos percursos de aprendizado da criança com autismo na apropriação da leitura e da escrita.

CAPÍTULO 3

DESENVOLVIMENTO INFANTIL, AUTISMO E LINGUAGEM ESCRITA: CONTRIBUIÇÕES DA PERSPECTIVA HISTÓRICO-CULTURAL

> *Desde os primeiros dias do desenvolvimento da criança, suas atividades adquirem um significado próprio num sistema de comportamento social, e sendo dirigidas a objetivos definidos, são refratadas através do prisma do ambiente da criança. O caminho do objeto até a criança e desta até o objeto passa através de outra pessoa. Essa estrutura humana complexa é o produto de um processo de desenvolvimento profundamente enraizado nas ligações entre história individual e história social*
>
> (VIGOTSKI, 2007)

Neste capítulo, abordo o desenvolvimento infantil, autismo e linguagem escrita a partir da perspectiva histórico-cultural. Nessa abordagem, o desenvolvimento da criança está diretamente relacionado com as experiências compartilhadas com os outros, em um dado contexto histórico e cultural.

Utilizo essa abordagem teórica como norteadora do trabalho, atribuindo, desta forma, um papel de destaque à linguagem na formação das funções mentais superiores, considerando as interações humanas, mediadas, com e pela linguagem, como constitutivas dos sujeitos. Nossos principais interlocutores serão Vigotski (1983; 1997; 2000; 2004; 2007), Bakhtin (2010a; 2010b) e Luria (1986; 2010), além de autores com estudos mais recentes, que compartilham dessa base teórica.

A discussão foi dividida em dois subitens: no primeiro, reconheço como importante o papel do outro e da linguagem no desenvolvimento infantil, e como fundamental para a constituição da criança; no segundo, trato sobre o desenvolvimento da linguagem escrita, enfocando especialmente o que Vigotski (2000, 2004, 2007) denominou como a pré-história da escrita na criança.

3.1 O Papel do Outro e da Linguagem no Desenvolvimento Infantil

Para discutir sobre o desenvolvimento na perspectiva histórico-cultural, tomo como base os estudos de Vigotski (1983; 1997; 2000; 2004; 2007) e Bakhtin (2010a; 2010b), que enfatizavam o processo histórico e social no desenvolvimento do indivíduo. A questão central dos estudos de Vigotski (1983; 2000; 2004; 2007) foi a constituição histórica e cultural do sujeito, imerso nas relações sociais e transpassado pelas práticas culturais.

O teórico pretendia uma abordagem que buscasse a síntese do homem como ser biológico, histórico e social. Orientou-se para os processos de desenvolvimento do ser humano com ênfase da dimensão sociohistórica e, a partir disso, na interação do homem com o outro no espaço social. Buscava caracterizar os aspectos tipicamente humanos do comportamento e elaborar hipóteses de como as características humanas se formam ao longo da história do indivíduo (VIGOTSKI, 2007).

Para Vigotski (2000), a história da sociedade e o desenvolvimento do homem estão totalmente ligados, de forma que não seria possível separá-los. Desde que nascem, as crianças estão em constante interação com os adultos, pois estes procuram transmitir sua maneira de se relacionar e sua cultura. É por meio desse contato com os adultos que os processos psicológicos mais complexos vão tomando forma. Essa participação do outro na constituição do sujeito em sua relação com o mundo é fundamental na perspectiva histórico-social.

Segundo esse mesmo autor, a formação da consciência e o desenvolvimento cognitivo ocorrem do plano social para o individual, seguindo um processo de apropriação, não de forma mecânica, mas impregnada pela ação do sujeito. Esse processo de apropriação possibilita a construção do conhecimento e da cultura e implica uma atividade mental perpassada pelo domínio de instrumentos de mediação do homem com o mundo. Entre esses instrumentos, encontra-se a linguagem, "[...] o pensamento e a linguagem são a chave para a construção da natureza da consciência humana" (VIGOTSKI, 2000, p. 485).

Ele afirma ainda a apropriação dos signos como mediadores que possibilitam o desenvolvimento das funções psicológicas superiores, dentre elas a atenção voluntária, a percepção, a memória lógica, a formação de conceitos etc., sendo capazes de transformar o funcionamento mental. Os signos permitem ao sujeito realizar operações cada vez mais complexas sobre os objetos. Desse modo,

> [...] a capacitação especificamente humana para a linguagem habilita as crianças a providenciar instrumentos auxiliares na solução de tarefas difíceis, a superar a ação impulsiva, a planejar uma solução para um problema antes de sua execução e a controlar seu próprio comportamento. Signos e palavras constituem para as crianças, primeiro e acima de tudo, um meio de contato social com outras pessoas (VIGOTSKI, 2007, p. 17-18).

Acontecem mudanças qualitativas no uso dos signos: ao mesmo tempo em que ocorre o processo de internalização de sistemas simbólicos pela criança, ela começa a utilizá-los no processo de interação, na compreensão dessa realidade e de si própria nessa realidade. Na relação dialógica com o outro, a criança apropria-se da linguagem e da fala desse outro, tornando-a sua. Essas duas mudanças são essenciais e evidenciam o quanto são importantes as relações sociais entre os sujeitos na construção de processos psicológicos e no desenvolvimento dos processos mentais superiores (VIGOTSKI, 2007).

Os signos são compartilhados pelo grupo social, permitindo o aprimoramento da interação social e a comunicação entre os sujeitos. Como ressalta Vigotski (2007), as funções psicológicas superiores aparecem, no desenvolvimento da criança, duas vezes: primeiro, no nível social e, depois, no nível individual. Sendo assim, o desenvolvimento caminha do nível social para o individual.

Entretanto, discorrendo sobre os estudos de Vigotski, Góes (2002, p. 99) nos esclarece que suas formulações

> [...] sobre desenvolvimento recusam a concepção de um curso linear, evolutivo; ao contrário, trata-se de um processo dialético complexo, que implica revolução, evolução, crises mudanças desiguais de diferentes funções, incrementos e transformações qualitativas de capacidade.

De forma a aprofundar a discussão sobre o papel do signo no desenvolvimento, buscamos mais elementos nos estudos de Bakhtin (2010a) sobre o signo linguístico. Na concepção bakhtiniana, a esfera de criação ideológica está estreitamente ligada às questões da filosofia da linguagem. Assim, tudo o que é ideológico constitui-se como um signo, ou seja, possui um significado situado fora de si mesmo. Dessa forma, o signo é um fenômeno do mundo exterior, pois emerge, segundo Bakhtin, do processo de interação entre uma consciência individual e outra. A interação entre essas duas consciências é concretizada por meio da linguagem, e a existência do signo nada mais é do que a materialização dessa interação (BAKHTIN, 2010a, p. 58).

Nessa perspectiva, o signo é um elemento de natureza ideológica. Ele chega a afirmar que todo signo é ideológico por natureza. "Tudo que é ideológico possui um significado e remete a algo situado fora de si mesmo, [...], tudo que é ideológico é signo. Sem signos não existe ideologia" (BAKHTIN, 2010a, p. 31).

Assim sendo, Bakhtin (2010a, p. 33) ressalta:

> Cada signo ideológico é não apenas um reflexo, uma sombra da realidade, mas também um fragmento material dessa realidade. Todo fenômeno que funciona como signo ideológico tem uma encarnação material, seja como som, como massa física, como cor, como movimento do corpo ou como outra coisa qualquer.

O homem vive rodeado de signos, cria signos para representar tudo o que quer, interpreta os signos naturais para entender os fenômenos da natureza e, acima de tudo, convenciona-os com a finalidade de perpetuar a consciência humana. Mas é bom ressaltar que a consciência só pode, segundo Bakhtin, ser entendida como tal quando se enche de conteúdo ideológico e interage com outras consciências. Nenhum signo tem valor à margem das condições de sua produção. Nesse sentido, deve ser compreendido em sua relação com essas condições.

Dentro desse contexto, Bakhtin (2010a) considera que a palavra ocupa o papel de fenômeno ideológico por excelência, pois se trata de veículo de comunicação na vida cotidiana, intrinsecamente ligado aos processos de produção e às esferas das diversas ideologias especializadas (religião, moral, ciência etc.).

> A palavra é o fenômeno ideológico por excelência. A realidade toda da palavra é absorvida por sua função de signo. A palavra não comporta nada que não esteja ligado a essa função, nada que não tenha sido gerado por ela. A palavra é o modo mais puro e sensível de relação social (BAKHTIN, 2010a, p. 36).

Esse autor valoriza o processo de interação que acontece dentro de determinadas condições, sob determinadas formas e tipos de comunicação verbal por meio da palavra, que, ao mesmo tempo em que parte de alguém, é dirigida para alguém, funcionando como uma ponte entre locutor e interlocutor. O ideológico remete ao universo dos sentidos, de como as pessoas veem o mundo e a si próprias, de como os sentidos são produzidos na interação. Assim, "[...] não é o ato físico de materialização do som, mas a materialização da palavra como signo [...]" (BAKHTIN, 2010a, p. 117).

O autor afirma, ainda:

> Na realidade, não são as palavras o que pronunciamos ou escutamos, mas verdades ou mentiras, coisas boas ou más, importantes ou triviais, agradáveis ou desagradáveis, etc. *A palavra está sempre carregada de um conteúdo ou de um sentido ideológico ou vivencial.* É assim que compreendemos as palavras e somente reagimos àquelas que despertam em nós ressonâncias ideológicas ou concernentes à vida (BAKHTIN, 2010a, p. 98, grifo do autor).

Os signos aqui construídos não necessariamente remetem à palavra falada. Um sorriso, um gesto, um olhar, expressão de sentidos e elementos de produção de novos sentidos podem contribuir para a produção de linguagem e a interação verbal, o que é essencial para pensarmos a interação com a criança com autismo e sua própria constituição.

Nesse sentido, a concepção de linguagem dialógica defendida por Bakhtin colabora para essa compreensão do trabalho com o sujeito com autismo, pois toda palavra, toda enunciação possui um caráter de duplicidade, no qual a presença do outro é fundamental e cujo contexto social não pode ser ignorado:

> A verdadeira substância da língua não é constituída por um sistema abstrato de formas linguísticas nem pela enunciação monológica isolada, nem pelo ato psicofisiológico da sua produção, mas pelo fenômeno social da *interação verbal*, realizada através da *enunciação* ou das *enunciações*. A

interação verbal constitui assim a realidade fundamental da língua (BAKHTIN, 2010b, p. 127, grifo do autor).

Bakhtin (2010b) objetivava conhecer o homem e seu fazer cultural de uma forma abrangente, nas relações sociais concretas, levando em consideração as experiências acumuladas e a interação dessas experiências.

Pode-se dizer que é por meio da fala de outro, com o que se compartilha e se aprende com esse outro sobre o mundo, que se organizam as próprias ideias, o próprio pensamento. Contudo, quando o foco é o sujeito com autismo, dúvidas emergem em relação às possibilidades de interação verbal, aos elementos em jogo que permitam a produção e a circulação dos sentidos. Não sei ainda como o sujeito com autismo pensa, como ele constrói o mundo e como está elaborando a si próprio, porém entendo que esse referencial teórico traz possibilidades frutíferas de abordagem dos processos de aprendizado e desenvolvimento desse sujeito.

De acordo com Vigotski (2004; 2000; 2007), a aprendizagem sempre inclui relações entre pessoas. Conforme já foi discutido, ele defende a ideia de que não há uma orientação para o desenvolvimento estabelecida *a priori*, que vai se atualizando conforme o tempo passa. O desenvolvimento é pensado como um processo, no qual estão presentes a maturação do organismo, o contato com a cultura produzida pela humanidade e as relações sociais que permitem o aprendizado. A partir daí, é possível dizer que, entre as possibilidades de aprendizagem e o desenvolvimento, há uma estreita relação.

Isso responde à parte de minhas inquietações de como aconteceria o desenvolvimento das crianças com autismo. Pensar o desenvolvimento pelo viés histórico e cultural, a partir da interação dos sujeitos, permite o olhar das possibilidades, questionando nossa relação com o outro. Não é só considerar que o aluno com autismo não interage, mas, sim, avaliar como estou interagindo com ele nos diferentes espaços, inclusive os educacionais.

Esses espaços educacionais podem ser importantes para a interação do sujeito com autismo e seus pares, mas considero que a mediação pedagógica envolve outros conceitos discutidos por Vigotski (2000, 2007) que nos ajudam a compreender esse processo.

Um dos conceitos mencionados em seus estudos para investigar a relação entre aprendizado e desenvolvimento é o de Zona de Desenvolvimento Proximal (ZDP). Isso indica que, por um lado, existe um desenvolvimento atual da criança, tal como pode ser avaliado por meio de atividades que ela pode realizar sozinha. Por outro lado, existe um desenvolvimento potencial, que pode ser observado a partir daquilo que a criança é capaz de realizar com a ajuda de um adulto em um certo momento e que poderá vir a realizar sozinha mais tarde. Estou falando de um processo que não é estático, regular e imutável; antes, o entendo com base em variáveis que dependem da experiência e de relações do indivíduo com as outras pessoas com quem convive.

Para Vigotski (2000, p. 331),

> [...] a aprendizagem na escola se organiza amplamente com base na imitação, porque na escola a criança não aprende o que sabe fazer sozinha, mas o que ainda não sabe e lhe vem a ser acessível em colaboração com o professor e sob sua orientação.

E isso se faz possível quando o trabalho escolar incide sobre a Zona de Desenvolvimento Proximal:

> A possibilidade maior ou menor que a criança passe do que sabe fazer sozinha para o que sabe fazer em colaboração é o sintoma mais sensível que caracteriza a dinâmica do desenvolvimento e o êxito da criança. Tal possibilidade coincide perfeitamente com sua zona de desenvolvimento imediato (VIGOTSKI, 2000, p. 329).

Podemos afirmar que a contribuição maior desse conceito seja a de potencializar ou colocar em destaque o papel do outro no desenvolvimento mental do sujeito. De acordo com Góes (2001, p. 82), o conceito de ZDP discutido por Vigotski "[...] pode ser configurado como parte do esforço de redefinir o desenvolvimento humano como um curso de transformações socialmente construído". Nessa redefinição, o autor articula a história do "[...] processo – considerando o passado, o presente e o futuro – com o necessário envolvimento do funcionamento intersubjetivo" (p.83).

Conforme nos esclarece Vigotski (2007, p. 103),

> [...] aprendizado não é desenvolvimento; entretanto, o aprendizado adequadamente organizado resulta em desenvolvimento que, de outra forma seria impossível de acontecer. Assim o aprendizado é um aspecto necessário e universal do processo de desenvolvimento das funções psicológicas culturalmente organizadas e especificamente humanas.

De acordo com os estudos de Vigotski (1997), no livro intitulado *Fundamentos de defectologia*, entendo que o desenvolvimento do sujeito com deficiência segue a mesma lógica dos considerados sem deficiência. A perspectiva que se abre para o estudo das crianças com deficiência se pauta nos aspectos qualitativos do desenvolvimento, entendendo que essas crianças apresentam um processo qualitativamente distinto, peculiar. Sua análise, portanto, extrapola os aspectos resultantes da simples soma das funções e propriedades pouco desenvolvidas. Pensando nisso, acredito que todos aprendem e se desenvolvem desde que estejam inseridos em um ambiente propício para isso.

Em relação ao sujeito com deficiência, é importante desmitificar o que está posto sobre o seu desenvolvimento. Não é incomum observarmos práticas pedagógicas que subestimam o potencial do aluno, traçando o percurso final do aprendizado sem possibilitar avanços reais para eles. Se o que busco é o desenvolvimento da criança, então "[...] a educação de pessoas com deficiência deve voltar-se para a construção das funções psicológicas superiores e não privilegiar as funções elementares" (GÓES, 2002, p. 100). Isso fica claro por analisar que, se as funções elementares já estão prejudicadas, não contribui para o processo de desenvolvimento considerar apenas o que está "faltando" no indivíduo, e sim o que ele tem de potencial de desenvolvimento construído a partir das relações sociais/interações verbais.

Sobre esse assunto, Góes (2002, p. 105) analisa:

> [...] o núcleo orgânico da deficiência não é modificável pela ação educativa; as funções elementares prejudicadas são sintomas que derivam diretamente desse núcleo e, por isso, são menos flexíveis. O funcionamento superior está secundariamente ligado ao fator orgânico e depende das possibilidades de compensação concretizadas pelo grupo social; daí mostrar-se mais suscetível à ação educativa. Desse modo, a educação do cego ou do surdo, por exemplo, não pode ser orientada para a falta de audição ou de visão, e, sim, para o potencial de desenvolvimento das funções humanas complexas.

Como já discuti, as pesquisas de Vigotski (2000; 2004; 2007) e de alguns de seus precursores enfatizam a importância da interação e da linguagem para a construção do conhecimento. Um dos aspectos centrais no trabalho pedagógico passa a ser, então, o uso e a funcionalidade da linguagem, o discurso e as condições de produção. O professor é o mediador que interage com os alunos por meio da linguagem, em um processo dialógico.

Em relação às contribuições da perspectiva histórico-social e dos estudos de Vigotski (1983, 1997, 2000, 2004, 2007) para a apropriação do conhecimento no contexto escolar, posso mencionar, então, as seguintes: o reconhecimento do homem constituído a partir de uma história e cultura; o uso do signo e seu papel no desenvolvimento; a valorização da interação entre professor e aluno, aluno e aluno; e a importância da mediação pedagógica.

Aproximando essas observações do debate sobre a escolarização dos sujeitos com autismo, percebo que, na maioria das escolas comuns, as práticas pedagógicas observadas, quando envolvem a construção da leitura e da escrita, priorizam o uso de cartilhas, folhas xerocadas, pastas de atividades aplicadas desordenadamente com os alunos, entre outras. Essas práticas também podem ser observadas com os outros alunos. As considerações de Vigotski (1983; 1997; 2000; 2004; 2007) e de Bakhtin (2010a; 2010b) aqui apresentadas me levam a pensar que essas práticas precisam ser discutidas e devem ser analisadas suas implicações no ensino e no aprendizado na escola.

Reconheço os desafios existentes na educação em relação à diversidade no ensino comum: ensinar diferente quem é diferente. Sobre a tarefa de educar na diferença, Duschatzky e Skliar (2001, p.137) afirmam:

> Felizmente, é impossível educar se acreditarmos que isso implica formatar por completo a alteridade, ou regular, sem resistência alguma, o pensamento, a língua e a sensibilidade. Porém parece atraente, pelo menos não para poucos, imaginar o ato de educar como uma colocação, à disposição do outro, de tudo aquilo que o possibilite ser distinto do que é, em algum aspecto. Uma educação que aposte transitar por um itinerário plural e criativo, sem regras rígidas que definam os horizontes de possibilidade.

Colaborando para essa reflexão, abordo, no próximo tópico, sobre a construção da leitura e da escrita de acordo com o pressuposto histórico-cultural de Vigotski e Luria (2007; 2010) e de outros estudiosos da área de alfabetização e as suas contribuições para pensar nos percursos do aprendizado da linguagem escrita pela criança com autismo.

3.2 A Pré-História da Linguagem Escrita

Preocupando-se com o desenvolvimento da leitura e da escrita, o qual se inicia muito antes da entrada da criança na escola e se estende por muitos anos, Vigotski afirma que as investigações científicas de sua época tiveram como tarefa revelar a pré-história da linguagem escrita, "[...] mostrar o que leva as crianças a escrever; mostrar pontos importantes pelos quais passa esse desenvolvimento pré-histórico e qual a sua relação com o aprendizado escolar" (VIGOTSKI, 2007, p. 127).

Para compreender esse processo, é necessário estudar o que Vigotski e Luria chamam de pré-história da linguagem escrita, ou seja, o que acontece com a criança antes de entrar nos processos deliberados de alfabetização. Segundo Luria (2010, p. 143), o momento em que a criança começa a escrever as primeiras atividades escolares no caderno,

> [...] não é, na realidade, o primeiro estágio do desenvolvimento da escrita. As origens deste processo remontam a muito antes, ainda na pré-história do desenvolvimento das formas superiores do comportamento infantil; podemos até mesmo dizer que, quando uma criança entra na escola, ela já adquiriu um patrimônio de habilidades e destrezas que a habilitará a aprender a escrever em um tempo relativamente curto.

A apropriação da linguagem escrita é, para Vigotski (1983), a apropriação de um sistema simbólico de representação da realidade, denominado pelo autor de simbolismo de segunda ordem. A pré-história da linguagem escrita envolve a apropriação de gestos, da fala, do desenho e do jogo imaginário; práticas culturais que se constituem em atividades de caráter representativo, utilizando-se de signos para representar gestos, expressões, objetos e eventos.

O desenvolvimento da linguagem escrita tem início com o primeiro gesto do bebê ao se comunicar com a mãe. "O gesto, precisamente, é o primeiro signo visual que contém a futura escrita [...]" (VIGOTSKI, 1983, p. 186, tradução nossa),[1] por isso, a evolução dos gestos representativos nos jogos infantis, quando acompanhada do uso da linguagem verbal, e também do desenho pode determinar o desenvolvimento da linguagem escrita, porque esses gestos já se constituem como formas de expressão e comunicação da criança com as pessoas ao seu redor.

Os primeiros jogos infantis vêm acompanhados de gestos representativos. No jogo da criança, não importa a semelhança entre um objeto e o que ele simboliza, mas o gesto que se pode representar com esse objeto. É o gesto que confere sentido ao objeto envolvido na brincadeira. Dessa forma, o significado reside no gesto e não no objeto em si. A representação, por meio de gestos nos jogos infantis, evolui dos gestos representativos para o uso da linguagem verbal.

Na idade pré-escolar, entre quatro e cinco anos, a criança já produz a designação verbal referente ao objeto envolvido na brincadeira. Vigotski (1983) afirma que, aproximadamente nessa idade, ocorre uma conexão linguística rica, por meio da qual a criança explica, interpreta e confere sentido a cada movimento, objeto e ação que realiza. Agora, a criança não somente gesticula para representar, mas também usa da linguagem verbal para explicar o jogo.

Com o desenvolvimento da linguagem verbal, a representação passa a não depender mais do gesto, mas sim da linguagem. Na brincadeira, a criança passa a representar os objetos e suas relações verbalmente, sem o uso do gesto. O signo passa a se desen-

---

[1] "El gesto, precisamente, es el primer signo visual que contiene la futura escritura [...]" (VIGOTSKI, 1983, p. 186).

volver independentemente do gesto infantil; o mesmo ocorre com o desenho infantil que é uma "[...] linguagem gráfica peculiar, um relato sobre algo" (VIGOTSKI, 1983, p. 192, tradução nossa).[2]

O desenho inicial da criança é o gesto da mão com o lápis e, logo, o desenho começa a designar por si mesmo alguns objetos, e os traços feitos pela criança recebem verbalmente os nomes que lhes são correspondentes. Tanto a representação simbólica no jogo como o desenho infantil são formas particulares da linguagem escrita (VIGOTSKI, 1983).

O desenho e a linguagem verbal estão relacionados. A criança desenha o que ela sabe e faz como se relatasse, por isso, para Vigotski, o desenho corresponde a "[...] uma linguagem gráfica nascida da linguagem verbal" (VIGOTSKI, 1983, p.192, tradução nossa).[3]

Se o desenho é uma forma particular da linguagem escrita, posso dizer que o desenvolvimento do desenho infantil compreende parte do desenvolvimento da linguagem escrita. É importante apontar que, no desenvolvimento do desenho infantil, portanto, no desenvolvimento da linguagem escrita, há um momento crítico quando a criança percebe que seu simples rabisco no papel pode representar algo. E essa representação, como foi dito, relaciona-se com a linguagem verbal que exerce forte influência sobre o desenho e, consequentemente, sobre o desenvolvimento da linguagem escrita.

No processo de desenvolvimento da escrita, os estudos de Vigotski indicam que ocorre uma transformação de rabiscos não ordenados para um signo diferenciado, com significação.

> A história do desenvolvimento da linguagem escrita [...] não segue uma linha única direta na qual se mantenha algo como uma continuidade clara de formas [...]. Isso significa que, juntamente com processos de desenvolvi-

---
[2] "[...] lenguaje gráfico peculiar, um relato gráfico sobre algo" (VIGOTSKI, 1983, p. 192).
[3] "[...] un lenguaje gráfico nacido del lenguaje verbal" (VIGOTSKI, 1983, p.192).

mento – movimento progressivo – e o aparecimento de formas novas, podemos distinguir, a cada passo, processos de redução, desaparecimento e desenvolvimento reverso de velhas formas. A história do desenvolvimento da linguagem escrita nas crianças é plena dessas descontinuidades. Às vezes, sua linha de desenvolvimento parece desaparecer completamente, quando, subitamente, como que do nada, surge uma nova linha; e a princípio parece não haver continuidade alguma entre a velha e a nova. Mas somente a visão ingênua de que o desenvolvimento é um processo puramente evolutivo, envolvendo nada mais do que acúmulos graduais de pequenas mudanças e uma conversão gradual de uma forma em outra, pode esconder-nos a verdadeira natureza desses processos (VIGOTSKI, 2007, p. 126-127).

Vigotski chama a atenção para a estrita relação entre o desenho e a fala, o que nos leva a indagar sobre a evolução do desenho em sujeitos que não verbalizam como frequentemente ocorre com as crianças com autismo.

O desenvolvimento da linguagem escrita se dá pelo deslocamento do desenho de coisas para o desenho de palavras. Assim, "[...] a compreensão da linguagem escrita é efetuada, primeiramente, através da linguagem falada [...]" (VIGOTSKI, 2007, p. 141). No entanto, gradualmente, a linguagem falada é reduzida, desaparecendo como elo intermediário da linguagem escrita.

O desenvolvimento da linguagem escrita é um processo complexo, caracterizado por evoluções, involuções, mudanças, saltos, interrupções e alterações, e o seu domínio implica uma grande virada no desenvolvimento cultural da criança, o que faz dele um processo revolucionário (VIGOTSKI, 1983).

A complexidade do desenvolvimento da linguagem escrita se deve ao fato de ela ser um simbolismo de segunda ordem, isto é, ela representa a linguagem. A linguagem medeia a relação entre a realidade e a escrita. No momento em que as crianças se apropriam da linguagem escrita, esse elemento como intermediário e a escrita se transforma em um simbolismo de primeira ordem, isto é, ela passa a representar diretamente o discurso ou a linguagem interior. Para Vigotski (2007), a fala é a representação simbólica primária, base de todos os demais sistemas de signos, o que nos leva mais uma vez a pensar no desenvolvimento dos sujeitos com autismo, que pouco se expressam por meio da fala.

As pesquisas de Luria também contribuem para esse debate, pois, nelas, as crianças (e adultos) eram colocadas em situações que as levariam a utilizarem alguma anotação para lembrar algumas palavras ou frases que não poderiam ser lembradas sem o auxílio das anotações. As crianças inicialmente usavam-se de uma forma primitiva de escrita, escrevendo por meio de sinais topográficos (GONTIJO, 2008). Em suas análises, Luria (2010, p. 144) aponta que o desenvolvimento da escrita segue um percurso que pode ser descrito "[...] como a transformação de um rabisco não diferenciado para um signo diferenciado. Linhas e rabiscos são substituídos por figuras e imagens, e estas dão lugar aos signos".

Essa significação da função da escrita é importante e só é observada quando a criança consegue relacionar a escrita com a sua função, inicialmente com a imitação do adulto. Por isso, a escrita é considerada como "[...] uma função que se realiza, culturalmente, por mediação" (LURIA, 2010, p. 144).

O estudo de Luria (2010) contribui para o entendimento sobre a pré-história da escrita, porém é preciso entender esse processo considerando as crianças que podem demonstrar desvantagens em relação à construção da oralidade, linguagem e interação, como é o caso das crianças com autismo. Entendo que a cultura, as relações estabelecidas e a mediação pedagógica poderão potencializar o desenvolvimento da escrita por essa criança. Ainda não sei o percurso da criança com autismo na alfabetização, tampouco sei qual é o caminho a ser percorrido, mas o que tenho clareza é que ela precisa ter oportunidade de acesso ao processo de construção da linguagem escrita e da leitura.

Os estudos de Vigotski e Luria (2007; 2010) me levam a indagar sobre os percursos de simbolização da criança com autismo e sobre o desenvolvimento da leitura e da escrita em relação a esses sujeitos. Aprender a ler e a escrever implica uma capacidade mais refinada de atuar no plano do simbólico, que, por sua vez, implica ainda uma relação mais estreita entre o pensamento e a linguagem.

No caso das crianças com autismo, a escassez de estudos sobre a maneira como se articulam pensamento e linguagem na constituição desses sujeitos traz desafios para pesquisas que buscam compreender o processo de apropriação da leitura e da escrita por essas crianças. Quais os percursos de simbolização dessas crianças? Como interagem com as situações de brincadeira de faz de conta, com a produção e a significação de desenhos e de escrita? De que maneira a prática educativa pode se organizar para possibilitar avanços no desenvolvimento da leitura e da escrita desses sujeitos?

Como explicitado, a linguagem escrita é um simbolismo de segunda ordem, porque representa a linguagem oral, e esta, o discurso ou a linguagem interior. A fala deve desaparecer – como elo intermediário – e a linguagem escrita tornar-se um simbolismo de primeira ordem. Quando isso acontece, há a apropriação efetiva da linguagem escrita como uma atividade cultural.

É ensinando a linguagem escrita por sua função social que o aluno poderá articular o sentido estabelecido por ele ao significado social dessa linguagem, aprendendo sua função na sociedade. Quando o ensino, como ainda muitas vezes ocorre, é baseado apenas no aspecto técnico, ou seja, quando é prioritário o estudo da ortografia, da sílaba e da letra, ele não passa de um treino em que o aluno possivelmente não se envolva, por não sentir a necessidade da escrita, pois, como bem disse Vigotski, o ensino da escrita "[...] não se baseia ainda no desenvolvimento natural das necessidades da criança, nem em sua própria iniciativa: chega-lhe de fora, das mãos do professor e lembra a aprendizagem de um hábito técnico [...]" (VIGOTSKI, 1983, p. 182, tradução nossa).[4]

Uma das conclusões apresentadas nos estudos de Vigotski em relação à linguagem escrita indica a necessidade da escrita ser ensinada naturalmente e "[...] não como treinamento imposto de fora para dentro. [...] o que se deve fazer é ensinar às crianças a linguagem escrita, e não apenas a escrita das letras" (VIGOTSKI, 2007, p. 144-145).

A linguagem escrita é um processo social e cultural que produz mudanças profundas nos sujeitos quando apropriada por eles. Para Smolka (2003, p. 57), "[...] a linguagem é uma atividade criadora e constitutiva de conhecimento e, por isso mesmo, transformadora".

Estudos realizados por Gontijo (2002; 2007; 2008) mostram que a função da escrita na escola ainda está voltada para a realização das atividades escolares; os alunos "[...] não estão vivenciando situações de aprendizagem que possibilitam a construção da significação social da escrita" (GONTIJO, 2002, p.45); a leitura e a escrita são abordadas a partir de atividades sem relação com o contexto e a realidade social do aluno.

Como indica Gontijo (2008, p.20), "[...] ler e escrever são atividades por meio das quais as crianças expõem para os outros e para si mesmas o que pensam, sentem, desejam, gostam, concordam, discordam, etc." Esse é o sentido da alfabetização, uma linguagem viva e construída a partir das relações na sociedade.

---

[4] "[...] no se basa aún em el desarrolo natural de las necesidades del niño, ni em su prorpia iniciativa: le llega desde fuera, de manos del maestro y recuerda el aprendizaje de un hábito técnico [...]" (VIGOTSKI, 1983, p. 182).

A criança pode escrever para si mesma, palavras soltas, tipo lista, para não esquecer, tipo repertório, para organizar o que já sabe. Pode escrever, ou tentar escrever um texto, mesmo fragmentado, para registrar, narrar, dizer [...]. Mas essa escrita precisa ser sempre permeada por um sentido, por um desejo, e implica ou pressupõe, sempre, um interlocutor (SMOLKA, 2003, p. 69).

Assim, o desenvolvimento da linguagem escrita não pode ser considerado como uma evolução estática e natural; sua constituição depende das relações estabelecidas com o aprendizado dos conceitos. Segundo Gontijo (2002, p. 31), "[...] o contato com a escrita, na sua forma material objetiva, não garante por si só a apropriação desse conhecimento". A participação do outro nesse processo de mediação é essencial para que, na sala de aula, as funções da escrita apresentadas por Vigotski (2007) sejam reconhecidas como uma função comunicativa e uma função representativa.

CAPÍTULO 4

A ESCOLARIZAÇÃO DA CRIANÇA COM AUTISMO

> *Abrir a Escola para todos não é uma escolha entre outras: é a própria vocação dessa instituição, uma exigência consubstancial de sua existência, plenamente coerente com seu princípio fundamental. Uma escola que exclui não é uma escola: é uma oficina de formação, um clube de desenvolvimento pessoal, um curso de treinamento para passar em concursos, uma organização provedora de mão-de-obra ou uma colônia de férias reservada a uma elite social. A Escola, propriamente, é uma instituição aberta a todas as crianças, uma instituição que tem a preocupação de não descartar ninguém, de fazer com que se compartilhem os saberes que ela deve ensinar a todos. Sem nenhuma reserva.*
>
> *(MEIRIEU, 2005)*

É necessário analisar os aspectos do processo de escolarização da criança com autismo para compreender como a escola, como instituição que tem a preocupação de não descartar ninguém, contribui para que o sujeito com autismo compartilhe os saberes ali ensinados.

Conhecer Rafael[1] envolveu saber sobre a sua história de escolarização. Para isso, descrevo um breve histórico dos trabalhos desenvolvidos no Centro Municipal da Educação Infantil (CMEI) a partir de 2005 e nos anos iniciais na Escola Municipal de Ensino Fundamental (EMEF), em que o aluno estudou até o momento da pesquisa no ano de 2011. No esforço de descrever como foram organizados os tempos e os espaços escolares e quem foram os sujeitos que contribuíram para o acesso do aluno à educação e o seu desenvolvimento a partir dessa escolarização,

---
[1] Nome fictício do sujeito com autismo participante da pesquisa.

encontro pistas para compreender sobre o seu percurso no desenvolvimento da linguagem escrita.

Para Vigotski (1983), a história da sociedade e o desenvolvimento do homem estão totalmente ligados, de forma que não seria possível separá-los. Desde que nascem, as crianças estão em constante interação com os adultos que transmitem a ela a sua maneira de se relacionar e a cultura. É por meio desse contato com os adultos que os processos psicológicos mais complexos vão tomando forma.

Conforme ressaltado, essa participação do outro na constituição do sujeito em sua relação com o mundo é fundamental na perspectiva histórico-social.

> Desde os primeiros dias do desenvolvimento da criança, suas atividades adquirem um significado próprio em um sistema de comportamento social e, sendo dirigidas a objetivos definidos, são refratadas por meio do prisma do ambiente da criança. O caminho do objeto até a criança e desta até o objeto passa por meio de outra pessoa. Essa estrutura humana complexa é o produto de um processo de desenvolvimento profundamente enraizado nas ligações entre história individual e história social (VIGOTSKI, 2007, p. 19).

Tornamo-nos nós mesmos a partir das relações que estabelecemos com o outro e no desenvolvimento da linguagem, pois as origens da consciência humana "[...] não se buscam nem nas profundidades da alma, nem nos mecanismos cerebrais, mas sim na relação do homem com a realidade, em sua história social, estreitamente ligada com o trabalho e a linguagem" (LURIA, 1986, p. 23).

Diante disso, neste capítulo, enfocarei algumas ações desenvolvidas pelo CMEI e pela EMEF de forma a propiciar a inserção de Rafael na vida escolar. Optei por buscar informações sobre esse processo em documentos arquivados na escola. Os estudos de Ginzburg (1989) nos auxiliaram neste trabalho, quando apontaram que os indícios, os pormenores, as sutilezas, as diferenças nas semelhanças, a decifração de signos, a cautela de ler nas pistas mudas os dados marginais são necessários para ver além do que está escrito nas linhas dos textos, essenciais para ler as entrelinhas. As entrevistas realizadas com os profissionais da escola e a observação participante também contribuem para essa reflexão.

As análises são organizadas em duas subseções: a primeira trata da compreensão da criança dos diferentes tempos e espaços da escola e a constituição de si como aluno; já a segunda aborda os profissionais e o trabalho desenvolvido: o planejamento coletivo e as ações implementadas.

4.1 Rafael: a Compreensão sobre os Diferentes Tempos e Espaços da Escola e a Constituição de Si como Aluno

O sentimento de medo descrito por Temple Grandin,[2] quando escreveu sobre os seus primeiros tempos na escola, é uma hipótese do que muitas crianças com autismo sentem quando são matriculadas na escola regular.

> Quando completei cinco anos, entrei para o jardim-de-infância, o que me produziu emoções contraditórias. Minha mãe disse que a escola ia ser muito divertida, que seria bom conhecer outras crianças, aprender coisas novas. Achei que podia ser boa a idéia, mas fiquei com medo. Novos lugares me deixavam perturbada, e eu era alheia à vida social (GRANDIN, 1999, p. 34).

Ser aluno é uma circunstância da infância, uma forma de vivê-la em algumas determinadas sociedades. Essa condição não é

---
[2] Temple Grandin foi diagnosticada com autismo na infância. Hoje é adulta, engenheira e bióloga.

algo universal, pois nem todas as crianças estão na escola, nem estão em uma escolaridade semelhante do ponto de vista qualitativo. Sacristán (2005) afirma que a ordem social em que os sujeitos alunos estão inseridos exige que assumam uma determinada postura. Tomando por base essa afirmação, Sacristán (2005) retoma o conceito de aluno, dizendo que ser aluno foi e continua sendo uma experiência e uma condição social fundamentalmente dos menores, que deu a eles presença e identidades singulares, como classe social diferenciada e reconhecida.

> A categoria *aluno* é uma forma social por antonomásia de ser *menor* ou de viver a *infância* e a *adolescência*. Não é de todo universal, mas é dominante para todos os indivíduos que, por sua idade, reconhecemos como menores. A escolaridade cria toda uma cultura em torno de como vemos e nos comportamos com os menores [...] (SACRISTÁN, 2005, p. 20, grifos do autor).

A escola é uma instituição marcada por relações sociais e práticas sociais específicas. Rafael estava se inserindo nesse contexto a partir do lugar de aluno e sua inclusão nesse espaço demandava um trabalho pedagógico diferenciado por parte da escola.

Para a inserção de Rafael na escola, assim como para qualquer outra criança, há necessidade de reconhecimento dessa instituição como um local composto por espaços diferenciados, tempos definidos para as atividades realizadas e formas próprias de comportamento.

Diante disso, é importante que Rafael conheça esses diferentes espaços, que compreenda as normas instituídas e se aproprie delas para que as condições propícias ao aprendizado possam se configurar. Paralelamente a isso, é necessário que ele se aproprie também do que é *ser aluno* na escola, para que possa se inserir no grupo e nas atividades realizadas.

Nas próximas páginas, abordo passagens desse percurso de Rafael na inserção em dois ambientes educacionais: o CMEI e a EMEF, por meio das fontes a que tive acesso, no período de 2005 a 2011. Enfocarei ações desenvolvidas pela escola e o envolvimento de Rafael a partir do trabalho pedagógico implementado.

Na leitura dos documentos do CMEI disponíveis na EMEF, busco pistas sobre a relação do aluno com as outras crianças e com os adultos. Encontro relatos escritos de que Rafael começou a frequentar a educação infantil com dois anos, porém não uso os documentos desse primeiro ano, já que ele foi transferido de CMEI quando completou três anos, em 2005, e é a partir daí que começa a minha narração. No início, Rafael "[...] passava a maior parte do tempo no pátio e áreas extraclasse. Corria, explorando o novo espaço, sempre com atenção e apoio da professora auxiliar" (PROFESSORA REGENTE, relatório de avaliação do aluno, 1º semestre, 2005).

De acordo com esse mesmo relatório, nos momentos em que o aluno entrava na sala, a professora da turma fazia intervenções, convidando-o a participar, com o grupo, da atividade desenvolvida ou experimentar materiais e brinquedos disponíveis. "Aos poucos Rafael foi demonstrando preferências por atividades que envolviam a modelagem, pinturas com tintas, cola colorida e giz de cera" (PROFESSORA REGENTE, relatório de avaliação do aluno, 1º semestre, 2005). Quando era proposta uma dessas atividades, ele atendia "[...] aguardando ansiosamente", ainda conforme registro do relatório.

A aproximação do aluno com o grupo foi se estabelecendo com o tempo, "[...] os colegas cuidam do Rafael e o tratam com muito carinho e atenção" (PROFESSORA REGENTE, relatório de avaliação do aluno, 1º semestre, 2005). Encontro relato de que o aluno demonstrava ser "[...] uma criança carinhosa, porém fica irritado, batendo sem parar na sua cabeça, demonstrando insatisfação, quando não é atendido no que deseja, principalmente quando outro adulto que não seja a sua professora tenta interferir" (PROFESSORA REGENTE, relatório de avaliação do aluno, 2º semestre, 2005).

Em 2006, Rafael estava com quatro anos. Não estavam disponíveis nos arquivos da EMEF os relatórios do primeiro e do segundo semestre da professora regente do CMEI, somente o da professora especializada em educação especial. Na opinião dessa professora especializada, o tempo de concentração dele era "[...] muito curto, as atividades realizadas tiveram que ser repetidas a cada encontro, como também induzidas pelo professor" (PROFESSORA ESPECIALIZADA, relatório do desenvolvimento pedagógico do aluno, 2º semestre, 2006).

Segundo o relatório do primeiro semestre de 2007, feito pela professora regente, a criança, "[...] no primeiro dia, não queria ficar na sala de aula". No entanto, com o passar dos dias, ele "[...] conseguiu compreender melhor as rotinas da sala demonstrando alegria em estar no CMEI."

> Agora, chega à sala, tira o sapato, abre o nosso armário, pega o som, o porta CD e já percebemos que a hora de ouvir música é muito apreciada por ele, pois se deixarmos passa horas, momentos mágicos ouvindo músicas. [...] demonstra facilidade em memorizar a faixa que se encontra suas músicas e a cor o CD (PROFESSORA REGENTE, relatório de desenvolvimento, 1º semestre, 2007).

Em relação à sua interação com o grupo, percebo, no relatório da professora regente, de 2007, que ele já conseguia sentar na rodinha com os demais colegas, principalmente quando era cantada "[...] a música: 'se és feliz quero te ver bater as mãos...' em que as crianças representam a música através de gestos. O momento da música em que se pede para bater palmas é o mais apreciado por Rafael".

Assim prossegue o relato:

> Continuamos o trabalho com ele no sentido de participar da rodinha, ouvir uma história, sentar para fazer uma atividade com o grupo. Alcançamos vários dos objetivos propostos com a socialização e a rotina estabelecida para ele junto com a turma.
>
> Trabalhamos com fotos e os nomes das crianças da sala, para que Rafael reconhecesse seus colegas bem como o nome de cada um de nós (PROFESSORA REGENTE, relatório de desenvolvimento, 1º semestre, 2007).

Esses registros do período em que Rafael frequentou a educação infantil contribuem para conhecermos melhor a criança, em relação à sua participação nos diferentes momentos de atividades em grupo e seu envolvimento em determinadas atividades, principalmente na hora da "rodinha".

Rafael tinha seis anos quando chegou à escola de ensino fundamental, em 2008, para ser matriculado. Ele continuava com um comportamento com características de hiperatividade e sem fala articulada, segundo informações do Relatório de Desenvolvimento do aluno, escrito pela professora especializada em Educação Especial.

A turma em que Rafael foi matriculado era formada por 25 alunos: 19 meninos e 6 meninas. Com essa configuração, era uma turma participativa e ativa mas os alunos falavam ao mesmo tempo, não se ouviam. Crianças com seis anos, na verdade, ainda não compreendiam o espaço de EMEF. Todos, naquele momento, estavam se constituindo alunos desse espaço tão diferente do frequentado por eles na educação infantil. Segundo a opinião da pedagoga, que recebeu o aluno, "Rafael se isolava em alguns, momentos parecendo não querer participar da atividade na sala.

Esses momentos, inicialmente, eram respeitados por todos" (PEDAGOGA, trecho da entrevista concedida em 28-11-2011).

Conforme mencionado nos capítulos anteriores, estudos recentes chamam a atenção para o processo de escolarização desses sujeitos, apontando os desafios da inclusão (VASQUES, 2003; 2008; MARTINS, 2009; CRUZ, 2009; CHIOTE, 2011). Um desafio observado nesse processo é a comunicação, já que o aluno pode não entender o que os outros estão dizendo, dependendo do contexto, ou não utilizar a comunicação verbal para manifestar suas necessidades e usar autoagressão ou gritos para se expressar. Outra dificuldade pode ser o isolamento social, podendo a criança não ter motivação para o contato com os outros ou não ser sensível a elogios e assim parecer que há resistência ao aprendizado.

Nesse contexto, um grande desafio da escola, ao matricular Rafael no 1º ano do ensino fundamental, era construir vínculos sociais que possibilitassem a mediação que passa, necessariamente, pelos processos de comunicação e de interação, justamente a peculiaridade do aluno.

Outro desafio observado, era a dificuldade de comunicação do aluno com os seus pares e os profissionais envolvidos em sua inclusão, por exemplo, "[...] quando o aluno queria usar o balanço no horário do recreio, e outro aluno estava balançando, ele ficava na frente do balanço ou segurava as correntes, não deixando o colega balançar e acabava cedendo o balanço para Rafael" (PEDAGOGA, trecho da entrevista concedida em 28-11-2011). Em relação à sua comunicação com os profissionais, quando ele não queria desenvolver um jogo, batia na própria cabeça ou se mordia como indício de que não queria aquela atividade, e os profissionais não conseguiam antecipar esse fato.

De acordo com Bosa (2002), a ausência de respostas das crianças autistas deve-se, muitas vezes, à falta de compreensão do que está sendo exigido dela, ao invés de uma atitude de isolamento e recusa proposital. Nesse sentido, julgar que a criança é alheia ao que acontece ao seu redor restringe a motivação para investir na sua potencialidade para interagir.

> A oportunidade de interação com pares é a base para o seu desenvolvimento, como para o de qualquer outra criança. Desse modo, acredita-se que a convivência compartilhada da criança com autismo na escola, a partir da sua inclusão no ensino comum, possa oportunizar os contatos sociais e favorecer não só o seu desenvolvimento, mas o das outras crianças, na medida em que estas últimas convivam e aprendam com as diferenças (CAMARGO; BOSA, 2009, p. 69).

Percebo uma resistência de Rafael em permanecer na sala regular: ele saía pelos corredores, batendo palmas fortes, queria permanecer no balanço e fugia da rotina[3] escolar.

> O aluno apresentou dificuldades em se adaptar e aceitar normas e regras, resistindo em participar das atividades em sala de aula com a turma, e nas atividades propostas em outros espaços. Prefere ficar no pátio balançando, correndo pela escola, ouvindo a parte da música que escolhe, entrando em todos os ambientes com ações estereotipadas palmas com intensidade e ou tapas na cabeça (PROFESSORA REGENTE, relatório, 1º trimestre de 2008).

A ação pedagógica, segundo a pedagoga, consistiu em fazer a sua adaptação à escola, conforme o trecho da entrevista realizada com a pedagoga em 28-11-2011:

> Começamos com adaptação à área física. O espaço encantou muito Rafael. Ele se recusava a entrar em qualquer sala [...]. Onde ele parava, eram oferecidas atividades que ele

---
[3] Atualmente, usamos organização das atividades do dia. Não utilizamos mais o termo "rotina" para não confundir com a proposta de atividades repetitivas em uma sequência sem interrupção defendida por abordagens comportamentalistas.

demonstrou gostar e indicadas pela família – massinha, pintura com giz de cera e música – o material ficava próximo da janela [...]. Para sair do balanço, oferecia o que ele gostava.

Pergunto-me: será que era necessário fazer a adaptação do aluno à escola ou da escola ao aluno? Sá (2008, p. 157) defende que o princípio inclusivo a ser considerado diz respeito à "[...] escola adaptar-se às necessidades dos alunos e não o movimento contrário". Era necessário ver Rafael para além das particularidades do autismo, vê-lo como criança iniciando o processo de escolarização em um ambiente novo.

Segundo a professora especializada itinerante, que atendeu à escola no primeiro semestre de 2008, o trabalho "[...] teve como ponto principal a adaptação e aceitação de normas e regras escolares, primeiro passo para a realização de um trabalho com sucesso". Registra-se ainda:

> Sendo o seu primeiro ano na EMEF, este ainda não aceitava as novas normas da escola ficando apenas no balanço, correndo, entrando em todos os ambientes da escola juntamente com as suas ações estereotipadas (no início batia palmas com intensidade, onde mudou e agora bate na cabeça) não aceitando o que lhe era solicitado (PROFESSORA ESPECIALIZADA, relatório do primeiro semestre de 2008).

Essa resistência pela organização das atividades escolares, com tempos, espaços, momentos distintos para estudo, ouvir e falar é uma das particularidades da criança com autismo observada em outros estudos (TEZZARI, 2002; ORRÚ, 2009). Associada a essas questões, está o fato de a sala de aula representar espaço de interação e de troca, portanto, um espaço inicialmente desafiador para o aluno com autismo. Mas se, por um lado, sei dessa dificuldade; por outro, reconheço também a potencialidade do espaço educacional, com suas redes interativas, para promover a aprendizagem e a inclusão.

De acordo com Camargo e Bosa (2009, p. 67), proporcionar às crianças com autismo "[...] oportunidades de conviver com outras da mesma faixa etária possibilita o estímulo às suas capacidades interativas, impedindo o isolamento contínuo". Tenho indícios de que essas oportunidades foram construídas em processo. Aos poucos, a escola foi se adaptando a Rafael e ele à escola.

Para que o aluno não ficasse pelos corredores, entrando e saindo das outras salas de aula, a equipe pedagógica organiza a brinquedoteca[4] da escola para ele ficar. Uma sala com armários de jogos, computador, som, uma mesa grande e comprida, seis cadeiras e colchão com almofadas. O planejado era levar o aluno para a brinquedoteca, caso ele não ficasse na sala regular, o que acontecia com frequência. "Tínhamos a sala de binquedoteca, juntamos todos os brinquedos que não eram adequados e trancamos no armário" (PEDAGOGA, trecho da entrevista concedida em 28-11-2011).

Foi uma tentativa para dar um local de referência ao aluno, já que ele não estava conseguindo estabelecer o vínculo com o grupo. Com o tempo, o aluno chegava à escola e ia direto para essa sala. Ficava ali ouvindo música (às vezes a mesma música) quase a tarde toda. A estagiária e a professora especializada tentavam tirá-lo daquele apego, oferecendo outros jogos, pinturas com tinta, mas nem sempre conseguiam.

Assim, quando cheguei à escola, na primavera de 2008, para trabalhar como professora especializada em educação especial, encontrei a seguinte cena: o aluno no chão, sentado em um colchão, com uma almofada, ouvindo uma música que ele repetiu a tarde toda. Quando tentei conversar, ele não olhava, não respondia, parecia que não estava falando com ninguém. Só olhou quando peguei o lanche e o chamei para comer à mesa, que ficava na sala.

Na primeira semana, fui tomada por uma mistura de sentimentos: ora me sentia inútil e achava que não conseguiria fazer

[4] A escola recebia o acompanhamento itinerante da educação especial e não havia espaço organizado com sala de apoio pedagógico e nem sala de recursos multifuncionais.

um mero contato, ora tinha a esperança de conseguir me comunicar com ele, pelo menos sem ele se agredir para mostrar o que gostaria de fazer ou não fazer, atitudes essas frequentemente vividas pelos profissionais que estavam na escola há mais tempo.

Em 2009, ocorreram mudanças dos professores de informática e de educação física. A professora regente já conhecia o aluno, pois, no final do ano anterior, ele entrava na sala do 2º ano algumas vezes para alimentar os peixes do aquário (usado para um projeto em 2008) ou pegava livros de histórias infantis emprestado. Essa aproximação contribuiu para o aluno entrar na sala no início do ano, "[...] guardava sua lancheira e mochila" e saía da sala. Em relação à turma, dois alunos foram transferidos e foram matriculados dois outros meninos, não trazendo alterações no comportamento de Rafael, que continuava sendo "[...] muito bem aceito no grupo" (ESTAGIÁRIA, relatório, 2009).

Segundo o relatório escrito pela estagiária em 2009, que acompanhou o aluno naquele ano, ele demorou a estabelecer um vínculo.

> Nesse período, mesmo com tentativas, intervenções e algumas ações pedagógicas, recusava-se a sair do balanço (espaço da escola muitíssimo procurado por ele). Aos poucos, com muito estímulo e brincadeiras, foi estabelecendo um laço estreito de amizade (ESTAGIÁRIA, relatório, 2009).

Essa mesma estagiária mencionou a sensibilidade do aluno a mudanças, ressaltando a importância dele fazer parte do processo de mudança. É preciso conversar com ele sobre "[...] o quê, onde e como as coisas vão acontecer" (ESTAGIÁRIA, relatório, 2009).

A professora regente registrou na avaliação do segundo trimestre: o aluno "[...] está mais adaptado à rotina escolar, fica mais tempo em sala de aula. Demonstra interesse por livros de histórias e jogos educativos em sala de aula [...]", participando das atividades junto com a turma. Observamos uma melhor organização dos tempos e espaços. Rafael dava indícios de que já estava começando a se perceber como aluno, permanecendo na sala de aula por um período maior que no ano anterior, mas ainda não conseguia se perceber como parte do grupo. Ele precisava de mais tempo e interação com o grupo para entender a proposta da escola. Wallon (1975, p. 178) contribui para refletirmos sobre o papel do grupo, ao afirmar que esse "[...] é o veículo ou o iniciador de práticas sociais. Ultrapassa as relações puramente subjetivas de pessoa para pessoa".

Mesmo com os investimentos dos profissionais no fortalecimento das relações, criando estratégias para sua adaptação ao ambiente escolar, nem sempre era conseguido um retorno satisfatório. Por exemplo, segundo a pedagoga,

> [...] o aluno sabia que a sala e a professora regente iriam mudar em 2010. [...] tanto a escola quanto a família haviam antecipado esse acontecimento, mas não foi fácil explicar que agora a sala não teria o espaço com os livros de literatura infantil, não teria o espelho e nem os ganchos para pendurar a mochila que havia na sala anterior (PEDAGOGA, trecho da entrevista concedida em 28-11-2011).

No ano letivo de 2010, houve mudanças em relação à organização escolar: divisão da carga horária de trabalho com outra professora especializada; troca das professoras regentes, educação física e informática; e, posteriormente, troca da estagiária que acompanhava o aluno.

Essa dinâmica de trabalho deixou o primeiro mês de aula confuso, para a família e o aluno, quanto à ação pedagógica, na maioria dos dias "Rafael ficava perdido quando chegava à escola, não permanecia na sala, pois a mesma era diferente" (CADERNO DE PLANEJAMENTO, 2010). O aluno se recusava a entrar na sala, ficava no balanço, sala de recursos multifuncionais (anteriormente brinquedoteca) e na biblioteca.

O relatório do 1º trimestre, feito quando estava como professora especializada em educação especial, registra que "[...] ele retornou das férias mais aberto para a comunicação alternativa, utilizando-se de gestos". Ele retornou às aulas com avanços, apontando o que queria, dando atenção em alguns momentos quando falávamos com ele e olhando em nossos olhos. Notamos que o ambiente na sala regular, conforme estava organizado, deixou o aluno agitado.

Foi preciso reorganizar as ações, como momentos específicos para planejamento sistematizado e registrado em um único caderno para que todos os envolvidos anotassem seus momentos com o aluno: professora regente, estagiária e professora especializada. Isso foi importante para que o trabalho realizado em 2009 tivesse continuidade, visando ao desenvolvimento e à aprendizagem de todos, incluindo o aluno com autismo.

Este caderno de planejamento foi utilizado pelos profissionais nos anos seguintes e tinha como proposta oportunizar o registro, quase diário, das respostas do aluno ao que era elaborado como atividade. Enquanto buscávamos estruturar o trabalho, parecia que Rafael aproveitava para "descumprir" os combinados. Muitas vezes, parecia "testar" o grupo quanto aos espaços e tempos utilizados na escola. Dependendo de quem estivesse com ele, fazia as atividades propostas, mesmo reclamando, e ficava um tempo maior na sala. Em outras situações, com pessoas com um vínculo mais frágil, ficava correndo pelos corredores e permanecia no balanço sem entrar na sala em nenhum instante. Porém, encontramos registro de que "[...] sua participação na sala regular no último trimestre teve um avanço relevante em comparação aos trimestres anteriores" (PROFESSORA ESPECIALIZADA, relatório de desenvolvimento do aluno 3º trimestre, 2010).

A interação com outras crianças da mesma faixa etária proporciona contextos sociais que permitem vivenciar experiências que dão origem a "[...] troca de ideias, de papéis e o compartilhamento de atividades que exigem negociação interpessoal e discussão para a resolução de conflitos" (CAMARGO; BOSA, 2009, p. 66). Não sei ao certo quanto tempo isso demora especificamente, mas encontrei indícios de que, no caso de Rafael, o primeiro trimestre de cada ano era cheio de novidades e demorava cerca de dois meses para que Rafael novamente entendesse os movimentos do contexto escolar.

Durante esse ano, Rafael ainda não buscava se relacionar com as outras crianças nos momentos de pátio ou na sala de aula, porém, o grupo buscava cada vez mais envolvê-lo nas atividades, principalmente nas aulas de educação física, já que a professora estava trabalhando com ele em um projeto de "Jogos e Brinquedos" a partir de sucatas e, aos poucos, foi introduzindo os alunos da turma no atendimento em um grupo pequeno, com o aluno sujeito da pesquisa. Quando Rafael saía da quadra ou da sala em que o grupo estava, a professora pedia que os alunos fossem chamá-lo de volta. Nem sempre ele atendia quando os alunos chamavam, mas, quando eles insistiam ou pegavam em seu braço, ele voltava para a sala ou ia para a aula de educação física. Com o tempo, a professora não precisava mais pedir aos alunos para chamar Rafael, eles percebiam que ele havia saído e já corriam atrás dele para retornar. Assim, a relação ficava cada vez mais próxima.

No ano letivo de 2011, o aluno retornou das férias, agora com nove anos, demonstrando mais atenção. A família, em casa, conversou com ele sobre as mudanças de sala, da professora regente, do professor de informática e também sobre a entrada de uma aluna nova na turma, passando a ter 7 meninas e 18 meninos (CADERNO DE PLANEJAMENTO, 2011).

Para minha surpresa, apesar dos imprevistos em relação ao início das aulas, ocasionados pelo movimento de greve dos professores, falta de estagiário inicialmente para o apoio na sala regular e a presença de duas professoras de educação especial a partir do segundo semestre, o aluno continuou com uma ótima relação com a turma. No entanto, precisou de cerca de dois meses para se adaptar à nova estagiária e à nova professora de educação especial. Terminamos o ano e a coleta de dados da pesquisa com o aluno demonstrando uma melhor relação com as crianças e com os adultos que trabalhavam na escola. Isso tudo do seu modo e em seu tempo.

Diante do trabalho pedagógico realizado, posso dizer que houve avanços no percurso do aluno na EMEF em relação ao envolvimento com a escola. A triangulação dos dados encontrados, os relatórios, as entrevistas e a observação participante nos deram base para identificar esses avanços quanto à inserção do aluno nas diferentes atividades previstas e a interação com outras pessoas.

Dois momentos, em especial, em que percebo avanços no processo de inserção de Rafael no grupo e, consequentemente, na construção de um lugar de aluno, foram: visita ao teatro para assistir a uma peça e visita a uma exposição sobre satélites.

No início do ano letivo de 2011, todas as turmas dos anos iniciais do ensino fundamental foram convidadas a assistir a peça no teatro O mágico de OZ. A coordenadora da escola organiza as turmas, cada uma com o seu professor. A turma do 4° ano, em que o Rafael está matriculado, recebeu também o meu apoio, o da professora de educação especial e do estagiário.

Era a sua primeira atividade fora da escola. Não sabíamos como ele iria se comportar. Assim, expliquei qual seria a peça, mostrei o livro para ele conhecer os personagens e pedi que ele fosse com a professora e o grupo. O estagiário e eu estávamos dando o apoio ao grupo e não unicamente ao aluno, pois ele seguia junto com a professora, acompanhando os outros, demonstrando muita satisfação em estar nessa atividade.

Chegando ao local, o início do espetáculo estava atrasado. Aproximei-me de Rafael e expliquei que todos estavam esperando. Pedi que ele ficasse junto com a professora e a sua turma.

Eram muitas escolas no mesmo espaço. Pensamos que ele fosse ficar ansioso, pois até nós nos sentíamos assim, mas, para nossa surpresa, ele aguardou a peça começar junto com os outros e ficou sentado, assistindo com grande alegria. Demonstrava isso me olhando e sorrindo, encostando sua cabeça em meu ombro e pegando a minha mão durante a apresentação.

Esse momento indica que, mesmo estando em um lugar novo, a criança não reagiu de forma arredia; ao contrário, demonstrou alegria e ampliou o contato físico com a pesquisadora e professora. O fato de sentar-se e assistir atentamente à peça parece ser um sinal de que estava acompanhando o espetáculo. Padilha (2001, p. 49) nos ajuda a compreender essa questão, quando discute sobre a produção de significado a partir da interação com o outro:

> [...] o momento de produzir significado supõe a ação do outro e então é possível produzir sentido com o gesto, o silêncio, a expressão facial, a prosódia acompanhando a oralidade, e com a lembrança do passado incorporada ao presente.

O segundo momento foi quando, no final da pesquisa, a professora planejou uma visita a uma exposição sobre satélites. A visita fazia parte do projeto do terceiro trimestre, escolhido pelo grupo, sobre naves espaciais. A estagiária ainda não havia chegado à escola e a professora de educação especial e a pesquisadora acompanharam a turma junto com a professora, conforme o relato:

> Quando chegamos à exposição sobre Satélites a monitora ainda não havia chegado. Os alunos começaram a olhar as peças expostas e Rafael acompanhou o grupo. A professora informou que não poderiam pegar as peças, que havia uma linha delimitando o espaço para observação. Cheguei perto de Rafael e repeti o que a professora disse olhando em seus olhos. Ele olhou nos meus, demonstrando

que havia entendido quando apontei o chão delimitado e as peças da exposição. Em alguns momentos ele passava da linha e eu ou outra pessoa adulta dizia: 'Olha a linha!'. Ele não era o único a passar da linha. Os outros também passavam e, quando ouviam 'Olha a linha!', voltavam, assim como Rafael (DIÁRIO DE CAMPO, 29-11-2011).

O fato de a monitora não estar presente fez com que a professora explicasse como os alunos deveriam se comportar na exposição. Avisou que não poderiam passar da linha de observação. Repetir para Rafael "olhando em seus olhos" contribuiu para que o aluno entendesse o movimento realizado pelos outros e, quando esquecia a "linha", era conduzido pelo adulto até os outros alunos. E o relato continua:

> Ficamos cerca de uma hora e meia aguardando e depois dos alunos verem a exposição, mesmo sem orientação, a professora pediu para que aguardassem no lado de fora do prédio. Todos saíram e ficaram correndo, conversando, implicando uns com os outros. Foi quando propus uma brincadeira, Le-po-te-ca,[5] para um grupo pequeno. Aos poucos todos os alunos estavam brincando em uma grande roda da brincadeira, inclusive Rafael. Os alunos que estavam ao seu lado ajudavam o Rafael a entender a lógica do jogo. Ele participou durante seis rodadas e saiu da brincadeira acompanhando o movimento de fora da roda, batendo palmas e sorrindo (DIÁRIO DE CAMPO, 29-11-2011).

Esse segundo momento nos dá um indício de que o envolvimento e a participação nas atividades coletivas dependem, em grande parte, da ação dos outros, do modo como eles veem a criança e se relacionam com ela, conforme nos esclarece Vigotski (1997, p. 187):

---

[5] Essa é uma brincadeira popular em que as crianças ficam em círculo, as mãos sobrepostas e cantam uma música batendo a mão na da criança ao seu lado, uma sílaba da palavra cantada por vez: "le, pó, te, ca, le, pe, ti, pe, ti, co, lá, le, ca, fé, com, Cho, co, la, te, le, pó, te, ca". A pessoa que ficar com a última sílaba e deixar a mão ser tocada, sai da brincadeira. Isso é repetido até restar apenas um participante.

[...] o novo critério prescreve que se leve em conta não só a caracterização negativa da criança, não só seus aspectos desfavoráveis, mas também a imagem positiva de sua personalidade, que aparece sobre todo o quadro complexo dos caminhos que percorre o desenvolvimento.[6]

Esses momentos apresentados nos indicavam que Rafael começava a se perceber no grupo e fazia parte dele. Esse grupo "[...] é indispensável à criança, não só a sua aprendizagem social, mas também para o desenvolvimento da sua personalidade e para a consciência que pode tomar dela" (WALLON, 1975, p. 174).

Encontro pistas da constituição de Rafael como aluno a partir da interação com o grupo, mas tudo do seu modo, às vezes participando diretamente com o grupo na atividade ou ficando às margens, compartilhando o momento de outra forma.

Aos poucos, o aluno foi compreendendo os diferentes tempos e espaços na escola, com avanços consideráveis dentro de um percurso complexo para o nosso sujeito. Mas essa complexidade não existia apenas no desenvolvimento do aluno. O trabalho educativo também foi lento, complexo, com idas e vindas na direção do fazer/conhecer, procurando envolver grande parte da equipe, que, apesar de todas as dúvidas, acreditava na potencialidade da criança.

De acordo com Saviani (2008, p. 13), a essência do trabalho educativo consiste no "[...] ato de produzir, direta e intencionalmente, em cada indivíduo singular, a humanidade que é produzida histórica e coletivamente pelo conjunto dos homens". Assim, o trabalho educativo pode propiciar condições para que o sujeito se aproprie dos conhecimentos acumulados historicamente e dos valores. A sistematicidade no trabalho educativo observado na

---

[6] "El nuevo critério prescribe que se tenga em cuenta no solo la caracterización negativa del niño, no solo sus aspectos desfavorables, sino también la fotografia en positivo de su personalidad, que presenta sobre todo el cuadro de los complejos caminos de rodeo del desarrollo" (VIGOTSKI, 1997, p. 187).

análise dos dados aponta que, inicialmente, os profissionais lançaram mão de práticas educativas já estabilizadas historicamente com as outras crianças para atuar com Rafael. Neste caso, estava posto no trabalho a finalidade do processo, mas ainda não havia clareza quanto ao percurso.

Constatei que as concepções do que é o autismo, do que é ser uma criança com autismo, do que é ser professor dessa criança e as estratégias de ensino mais adequadas à apropriação de conhecimento foram se construindo no dia a dia da escolarização de Rafael, a partir da ação e da reflexão sobre a ação. Sem dúvidas, muito há ainda a avançar, mas, no transcorrer dos anos de trabalho com Rafael, foram se ampliando os modos de olhar para ele e para o autismo. Houve um aprendizado sobre formas de conhecer sobre ele e de estabelecer contato com ele. Algumas práticas foram se mostrando mais pertinentes que outras de modo a propiciar sua inserção na escola e condições mais favoráveis de interação com os outros, bem como de aproximação com o conhecimento e com o aprendizado. É desse percurso que trataremos nas próximas páginas.

4.2 Os Profissionais e o Trabalho Educativo: o Planejamento Coletivo e as Ações Implementadas

Discutir sobre os profissionais e o trabalho desenvolvido para a escolarização de Rafael envolve considerar principalmente o que os estudos indicam sobre esse processo de escolarização das crianças com autismo e o que é utilizado como métodos educacionais. Os estudos de Baptista, Vasques e Rublescki (2003) sobre a educação de crianças com transtornos de desenvolvimento indicam que muitos educadores são resistentes ao trabalho com crianças com autismo devido a temores em não saber lidar com a agressividade delas. Além disso,

[...] há uma grande circulação de propostas que têm como meta a adequação dos sujeitos aos padrões de comportamento considerados adequados, por meio de repetições e de planos de intervenção rigidamente determinados [...]. Os motivos dessa constância parecem-nos evidentes: a crença na impossibilidade desses alunos serem considerados *sujeitos* nas relações com o outro; a intensificação de suas 'lacunas' ou desvantagens. Evidentemente, esse tipo de crença e essas formas de ação são potencializadores de novas desvantagens (BAPTISTA; VASQUES; RUBLESCKI, 2003, p.32, grifos dos autores).

Existem programas específicos para o atendimento ao aluno com autismo como: "*Análise Comportamental Aplicada* (ABA) e Treatment and Education of Autistic and related Communication handicapped Children[7] (TEACCH), [...]", para citar alguns (SMITH, 2008, p. 369).

Mesmo tendo a escola participante da pesquisa, em seu Projeto Político-Pedagógico, um indicativo do trabalho pedagógico voltado para o desenvolvimento da criança a partir de sua relação social, histórica e cultural, o trabalho pedagógico utilizando os princípios do programa TEACCH foi a primeira tentativa para organização da proposta pedagógica destinada a Rafael na EMEF, em 2008.

Esse método[8] baseia-se na "[...] adaptação do ambiente para facilitar a compreensão da criança em seu local de trabalho e ao que se espera dela". Por meio da organização do ambiente e das tarefas individualizadas, esse método "[...] visa o desenvolvimento da independência do aluno de forma que ele precise do professor para o aprendizado de atividades novas, mas possibilitando ocupar grande parte de seu tempo de forma independente" (MONTE; SANTOS, 2004, p.9).

---

[7] Tratamento e educação de crianças autistas e com problemas de comunicação correlatos. Utiliza-se do Picture Exchange Communication System (PECS) como sistema de imagens.
[8] As autoras referem-se ao TEACCH como método.

O programa visa a "estimular" o aluno mediante a organização e planejamento das atividades rotineiras, com base em um ensino comportamental que busca um ambiente estruturado para acomodar as dificuldades que a criança com autismo tem, ao mesmo tempo em que treina seu desempenho para a aquisição de hábitos apropriados e aceitáveis no contexto social em que ela vive.

Gomide (2009, p. 95) indaga sobre a aprendizagem dos alunos com autismo a partir do treino de habilidades.

> O referido método é reconhecido por sua grande eficácia com crianças autistas, porém nos indagamos o quanto esse método possibilita uma real ampliação da aprendizagem, visto que impossibilita um desenvolvimento a partir do meio social que o cerca, ao propor atividades sistemáticas e individualizadas.

Utilizado com maior frequência em instituições especializadas, tal programa resulta que "[...] as atividades educacionais passem a ser focadas sobre a condição biológica, física e sensorial, sem criar possibilidades de compensação e sem considerar a plasticidade neurológica destes indivíduos" (BRAGIN, 2011, p. 64-65).

Assim, utilizar princípios desse programa na escola pesquisada parecia incoerente com a proposta que o grupo queria construir para a inclusão do aluno. Foram meses de incertezas, angústias, medos, estudos e tentativas para pensar a metodologia do trabalho pedagógico.

Vasques (2003) constatou que não existe um consenso em relação aos tratamentos dispensados a esses sujeitos e que, dependendo da abordagem, os objetivos podem ser o comportamento, a subjetivação ou a estabilização do quadro sintomático da psicose e do autismo infantil. Chamou a atenção para a relevância da interlocução entre as áreas da saúde e educação, ou seja, o atendimento clínico e o educacional integrados no propósito de promover o desenvolvimento desses sujeitos que frequentam espaços múltiplos.

De acordo com Vigotski (1983), a aprendizagem sempre inclui relações entre pessoas. Conforme já foi discutido, ele defendia a ideia de que não há uma orientação para o desenvolvimento estabelecida *a priori*, que vai se atualizando conforme o tempo passa. O desenvolvimento é pensado como um processo, no qual estão presentes a maturação do organismo, o contato com a cultura produzida pela humanidade e as relações sociais que permitem o aprendizado. A partir daí, é possível dizer que, entre as possibilidades de aprendizagem e o desenvolvimento, há uma estreita relação.

A confirmação dessa possibilidade de aprendizagem implicava em um trabalho coletivo por parte dos profissionais da escola e, em especial, pelo professor, pois segundo Jesus (2006, p. 97),

> [...] ganham especial relevância os discursos e ações dos professores, porque, em última instância, são eles que no meio de seus medos, dúvidas, ansiedades, disponibilidades, acolhimentos e possibilidades, assumem os alunos em suas salas de aula. São as práticas pedagógicas aí desenvolvidas que podem contribuir ou não para a aquisição do conhecimento por todos os alunos.

Assim, nesta subseção, trato brevemente da trajetória do CMEI e da EMEF na busca de construção de uma proposta pedagógica que contribuísse para o desenvolvimento da criança em seus múltiplos aspectos.

Não foram identificados registros de intervenções educativas baseadas nos métodos mencionados no período em que a criança frequentou a educação infantil. As pistas encontradas nos registros apontam que, em 2005, os profissionais que trabalhavam no CMEI reconheciam que precisavam estudar sobre como realizar um trabalho pedagógico que contribuísse para o aprendizado da criança com autismo, "[...] principalmente para ajudá-lo a superar seus limites de comunicação com os colegas e professores" (PROFESSORA REGENTE, relatório de avaliação do aluno, 1º semestre, 2005). No entanto, não encontrei registrado quais foram esses momentos de estudo, se eles aconteceram e como.

Em 2006, além do acompanhamento da professora de educação especial na escola, a criança frequentava o laboratório pedagógico na unidade de ensino[9] referência da região, era atendido em uma clínica de fisioterapia e reabilitação e também fazia tratamento no Rio de Janeiro, no Instituto Veras.[10] Encontrei somente os relatórios da professora de educação especial e os da professora que atendia no laboratório pedagógico sobre o desenvolvimento de Rafael, não estando disponíveis outros documentos nem na EMEF e nem no CMEI.

No final do segundo semestre de 2007, a família de Rafael, que acompanhava a criança em casa e no CMEI, preocupada com o desenvolvimento dele, solicitou à direção da unidade de ensino, informações referentes ao trabalho pedagógico.

Em resposta, a diretora do CMEI informou, em documento, sobre os projetos desenvolvidos no Grupo 5 naquele ano e os seus objetivos, discorrendo da seguinte forma:

> O trabalho no Grupo de 5 anos neste ano de 2007 partiu do projeto institucional Paz na Diversidade. Tivemos com o objetivo discutir com os alunos questões como: o respeito ao outro (diversidade humana), a solidariedade, a cooperação, a amizade, etc.
>
> Percebendo as necessidades dos alunos e levando em consideração os objetivos propostos para esta turma nas

---
[9] Local utilizado como referência para o atendimento aos alunos com deficiência.
[10] Entidade civil filantrópica educacional, sem fins lucrativos, de utilidade pública federal, municipal e estadual, que atende crianças com comprometimento intelectual, de aprendizagem, sensorial, motor e com problemas que retardam e desorganizam o desenvolvimento das funções cerebrais (Disponível em: <http://www.veras.org.br/quem-somos.asp?Area=quem-somos>. Acesso em: 26 nov. 2011).

diversas áreas do conhecimento, foi planejado que seria trabalhado o projeto A Turma da Mônica. Por associar imagem e texto, as histórias em quadrinhos favorecem às crianças a dedução do significado da história a partir da imagem, proporcionando que as crianças se sintam leitoras mesmo antes de saberem ler convencionalmente.

[...]

A turma trabalhou, também, com o projeto A Dona Baratinha que culminou com a apresentação do teatro. Este projeto foi pensado como forma de envolver o aluno Rafael para que ele participasse da apresentação teatral. Outras atividades foram realizadas tais como: história, dramatização, música, pesquisas, mural, ordenação de textos (receita de feijoada) e filmagem da apresentação teatral.

Sobre o planejamento, informou o referido documento que semanalmente se reuniam os profissionais que trabalhavam no CMEI: "[...] professores regentes; pedagoga; estagiárias; professor de educação física e pesquisadora, doutoranda da UFES". Deram prioridade ao estudo sobre autismo, uma vez que havia crianças com autismo matriculadas nas duas turmas do Grupo 5. O documento deixa claro que os planejamentos para as turmas consideravam as peculiaridades dos alunos e as sugestões feitas pelas famílias, mudando às vezes o que estava inicialmente planejado a partir da participação das crianças.

Estava registrado no documento que os recursos para serem trabalhados com o aluno com autismo eram organizados em caixas, e "[...] todas as vezes que ele não se interessa pelas atividades, é oferecido outra situação de aprendizagem". Foi exposto que o interesse do aluno nesse ano ainda envolvia atividades com colagem, pintura e modelagem.

Quanto aos métodos, estratégias, técnicas e recursos pedagógicos específicos, a diretora informa no documento que

[...] estes são adequadamente propostos ao aluno Rafael atendendo à suas necessidades individuais, assim como considerando a totalidade da classe, uma vez que a perspectiva da inclusão pressupõe que todos os alunos aprendam, sempre que possível juntos (DIRETORA, documento apresentado pelo CMEI à família, 2007).

De acordo com o relatório apresentado pela professora especializada em educação especial, no primeiro semestre de 2008, na EMEF, inicialmente, os profissionais envolvidos nesse período foram: a estagiária, a auxiliar de serviços operacionais, os professores, as coordenadoras, a pedagoga, a equipe administrativa e os demais alunos. A escola optou por utilizar uma rotina pedagógica com o método TEACCH, conforme relato da professora especializada, no Relatório do 1º Semestre de 2008.

Os materiais adaptados para a realização das ações foram:
Rotina pedagógica do método Teacch, sendo três atividades de interesse do educando (quebra-cabeça, massa de modelar e pinturas). Seguindo o horário das aulas adaptadas, foram utilizados diversos recursos tais como:

• jogos de pino com seu nome;

• gravuras, material de causa e consequência;

• classificação de cores;

• emparelhamento de gravuras, letras e números;

• atividades dinâmicas envolvendo corda, bola, bambolê;

• utilização do computador com os jogos do coelho sabido, oferecendo melhores condições de atendimento ao educando, sendo que estas foram realizadas com intervenções do profissional e relutância do educando.

Na EMEF, também não encontrei registros sobre a proposta realizada com o referido método. Havia uma apostila xerocada com atividades de colagem de objetos diversificados (algodão, macarrão, palito de picolé), fichas com figuras de objetos, pessoas, animais e o seu nome em uma prancha com pinos de encaixe.

Percebo, no registro da professora especializada, que o aluno relutava em desenvolver as atividades propostas, continuava com as suas preferências pela massa de modelar, pintura e quebra-cabeça. Já a professora regente, na avaliação descritiva, apontou que o aluno demonstrava

> [...] interesse por atividades como massinha, filmes, além de partes das músicas que escolhe e balanço. [...] permanece pouquíssimo tempo na sala da Educação Especial [referindo-se à brinquedoteca] realizando atividades de recorte/colagem de figuras e letras relacionada com animais, jogos com letras de seu nome, classificação de cores e jogos no computador (PROFESSORA REGENTE, relatório avaliação descritiva, 2º trimestre, 2008).

Houve uma busca por formação sobre esse assunto pelos profissionais da escola. Diante disso, a equipe pedagógica utilizou, como embasamento teórico para o desenvolvimento do trabalho, os artigos sobre autismo de diferentes pesquisadores e profissionais da área da educação, da psicologia e da medicina articulados no livro *Autismo e educação*, organizado por Baptista e Bosa (2002). Esse livro foi indicação da Coordenação de Acompanhamento e Formação em Educação Especial da Secretaria Municipal de Educação/Vitória/ES e contribuiu na construção da proposta pedagógica, pois a equipe pedagógica reconheceu que o autismo, em alguns momentos, parece uma "torre de Babel" (BOSA, 2002, p. 22), por existirem diferentes metodologias de trabalho e com variáveis de resultados ainda questionáveis em relação ao aprendizado desse aluno.

Os profissionais da escola utilizaram, também, a Política Nacional da Educação Especial na Perspectiva da Educação Inclusiva (2008), para subsidiar os debates e as ações no atendimento educacional especializado, garantindo o acesso e a permanência dos alunos especiais no ensino regular (ou pelo menos naquela escola). No entanto, eram questionados os tempos e espaços destinados para a escolarização do aluno. Se, por um lado, a Política Nacional de Educação Especial na Perspectiva da Educação Inclusiva (2008) e as formações para a educação especial indicavam a permanência do aluno público-alvo da educação especial na sala regular, por outro, não conseguiam significar essa permanência, uma vez que ele se recusava a entrar na sala usando a autoagressão e o correr pela escola, quando se insistia nessa permanência.

> Mesmo sendo solicitado com antecedência um profissional da Educação Especial e uma estagiária para acompanhar o aluno na turma, quando o ano letivo começou, a Secretaria Municipal de Educação não havia contratado os profissionais necessários. Assim, quem ficava com o aluno para sua adaptação na EMEF eram a coordenadora ou a pedagoga durante quase um mês (PEDAGOGA, trecho da entrevista concedida em 28-11-2011).

Em setembro de 2008, os profissionais haviam se organizado com horários de estudos e planejamentos, porém ainda não haviam conseguido fazer Rafael permanecer mais de cinco minutos na sala. As outras crianças também não conseguiam ficar sentadas por muito tempo e pediam para beber água, ir ao banheiro, só que com ele era diferente, ele mal entrava na sala e saía pelos corredores batendo palmas ou ia para o balanço.

Quando iniciei o trabalho na escola como professora de educação especial, considerava que o planejamento seria essencial para trocar experiências que estavam dando certo. Planejamos fazer um catálogo com fotos do aluno: com os profissionais da escola (professora regente, professora de educação especial, professor de educação física e estagiária), do espaço da sala de aula; montando um jogo de quebra-cabeça; fazendo colagem; lanchando; no recreio; na informática; fazendo pintura; ouvindo música; no parque; e com sua mãe representando o fim do dia. A ideia surgiu em um planejamento em que discutíamos uma forma de mostrar para o aluno os diferentes profissionais e a divisão dos tempos e espaços na escola. Andava com esse catálogo na mão e entregava para os profissionais que ficariam com ele. O aluno se reconheceu nas fotos com o professor de educação física, comigo enquanto professora de educação especial, com a estagiária e com a sua mãe. Ao lado da linguagem verbal, a imagem auxiliava em nosso contato com ele e nos primórdios de sua auto-organização na escola.

O horário dele era diferenciado em relação ao da turma com um período a mais na biblioteca e na sala de informática, um horário com o professor de educação física e um horário individualizado com a professora regente, na brinquedoteca (já que ele não entrava na sala regular). Todos os dias, no último horário, eu ficava com ele na brinquedoteca (momento em que a estagiária saía da escola). Esse horário e o catálogo foram pensados para diminuir o tempo do aluno na brinquedoteca ou em outros espaços sem planejamento prévio. Avaliamos que foi muito bom para ele e para a equipe organizar esses tempos e espaços diferenciados, pois mais pessoas estavam envolvidas nesse processo de inclusão, passando pela adaptação e o início da construção do pertencimento do aluno ao contexto escolar.

No último trimestre de 2008, os objetivos foram ampliados. Além de visar à sua adaptação ao espaço escolar, pensamos em propostas que contribuíssem para que a equipe conhecesse o aluno, buscasse identificar os seus interesses de jogos, músicas, filmes etc. Propus atividades com cantigas de roda. Para isso, usamos um DVD com clipes de cantigas de roda para fazer um levantamento do que o aluno iria se interessar. As músicas eram anotadas pela estagiária e construíamos os materiais adaptados (quebra-cabeça, jogo da memória, sequência lógica) mostrando a relação com o vídeo. Porém, o tempo de atenção de Rafael, tanto no vídeo quanto nas atividades propostas, era muito curto. Ficávamos cerca de 20 minutos na sala de vídeo e o aluno não conseguia sentar para ver o clipe. Ficava correndo de um lado para o outro na sala, batendo palmas e, quando acabava a música, repetia. Ele mesmo apertava o botão para voltar no aparelho de DVD. Para mudar esse comportamento, é necessário pedir para a criança sentar e mostrar para ela a possibilidade de assistir de outra forma, não somente pulando na frente da televisão. No caso de Rafael, essa ação o ajudou a regular seu comportamento até que começou a ver o vídeo sentado por alguns minutos. Mas, ele continuou sem entrar na sala de aula e somente no final do ano a equipe começou a perceber uma melhora no tempo de realização das tarefas.

Nas atividades em 2009, foi organizado um horário para a turma do 2º ano que atendesse às necessidades de todos os alunos, incluindo Rafael, como: aula semanal no laboratório de informática, na biblioteca e um número maior de aulas de educação física para a turma, além da continuação do projeto de atendimento individualizado para o aluno, realizado pela professora regente, pelo professor de educação física e por mim enquanto professora especializada em educação especial.

Nesse ano, fomos informados de que escola havia sido inscrita para receber a sala de recursos multifuncional – Tipo I, que visa disponibilizar aos sistemas públicos de ensino equipamentos de informática, mobiliários, materiais pedagógicos e de acessibilidade, com o objetivo de apoiar a ampliação da oferta do atendimento educacional especializado.

A brinquedoteca da EMEF foi extinta e deu lugar à sala de recursos multifuncionais, para atendimento aos alunos da educação especial. Essa configuração foi importante para oportunizar momentos de debates sobre a educação inclusiva e sua diferenciação da educação especial, respeitando as opiniões, às vezes, divergentes, quanto ao trabalho pedagógico e a inclusão do aluno considerado público-alvo da educação especial.

Retornando para a escolarização do sujeito do nosso estudo, no segundo semestre de 2009, sistematizamos um plano de trabalho (Quadro 1) cuja operacionalização envolvia a maioria dos profissionais que atuavam na escola, a família do aluno e os alunos da turma. Esse quadro ajudou na organização dos tempos e espaços e a planejar as atividades que seriam realizadas pelo aluno. Foi apresentado no Curso de Formação sobre Autismo oferecido pela Coordenação de Acompanhamento e Formação em Educação Especial da Secretaria Municipal de Educação de Vitória/ES, nesse mesmo ano.

Na escola pesquisada, todos os que foram inscritos nesse curso, pedagoga, professora regente e professora especializada, cumpriram o cronograma do curso e apresentaram o trabalho final de conclusão que subsidiou as ações para o planejamento do ano de 2009, principalmente, a partir do segundo semestre. O referido trabalho foi apresentado em grupo, com carga horária não presencial. Consistia na proposição de um caso e elaboração de um plano de atuação para o caso escolhido. Sem dúvidas, o caso escolhido foi do aluno Rafael. Essa atividade era uma ação conjunta entre os seguintes profissionais: professor de sala de aula, professor especializado, pedagogo e estagiário. Realizar esse estudo possibilitou ao grupo analisar as ações planejadas para a inclusão do aluno. Essas ações foram compostas pelas seguintes etapas: observação, descrição, estudo/análise do caso, com listagem dos desafios e potencialidades/possibilidades apresentados pelo aluno, e aplicação do Plano de Trabalho.

Construir esse plano ajudou a equipe a refletir sobre as práticas desenvolvidas, sobre as atividades e os objetivos para o aluno, favoreceu começar a ver o aluno que Rafael era e não o autismo. Esse não foi um momento fácil para o grupo. Houve receios, dúvidas e parecia que a preocupação inicial em conhecer sobre autismo já não trazia as respostas para as perguntas feitas. Como ressalta Vigotski (2007), era preciso ver Rafael para além desse transtorno, considerando seu modo diferente de ser aluno.

De certa forma, no transcorrer do trabalho realizado, foi esse movimento que ocorreu em uma tentativa de adequação e flexibilização[11] dos objetivos e conteúdos propostos para Rafael e a busca pelo trabalho individualizado quando necessário, conforme quadro abaixo:

Quadro 1 – Operacionalização do Plano de Trabalho 2009

O que fazer	Como fazer	Quando fazer	Quem faz/fará	Onde fazer	Com quais recursos
Organizar o quadro de atividades diárias.	Colocar fichas com figuras no quadro.	Todo dia na entrada.	Estagiária.	Na sala regular.	Quadro de tecido com bolsos e fichas com figuras plastificadas.
Atividades em grupo.	Grupos de quatro.	Uma vez por semana.	Professora regente, estagiária e professora especializada.	Na sala regular.	Massa de modelar, tinta, revistas e jogos.
Livro com figuras das letras do nome do aluno.	Colar figuras pré-selecionadas com a letra do seu nome (RAFAEL).	Em todos os encontros do AEE.	Professora especializada.	Na sala de recursos.	Cartolina, revistas, livros, cola, tesoura, barbante e caixa surpresa.
Escrita de palavras.	Recorte e colagem.	Duas vezes por semana.	Professora regente.	Na sala regular.	Atividade planejada com a imagem e a escrita.

---

[11] A flexibilização e adequação no currículo para atender às necessidades dos sujeitos público-alvo da educação especial são destacadas em documentos oficiais, como a LDBEN nº 9.394/96 e a Resolução CNE/CEB nº 2, de 2001. Tratando desse tema, o Art. 5º, III, da Resolução CNE/CEB nº 2 aponta a necessidade de "[...] flexibilizações e adaptações curriculares que considerem o significado prático e instrumental dos conteúdos básicos, metodologias de ensino e recursos didáticos diferenciados e processos de avaliação adequados ao desenvolvimento dos alunos que apresentam necessidades educacionais especiais, em consonância com o projeto pedagógico da escola, respeitada a freqüência obrigatória" (BRASIL, 2001).

O que fazer	Como fazer	Quando fazer	Quem faz/fará	Onde fazer	Com quais recursos
Atividades que desenvolvam o aspecto cognitivo.	Caixas com materiais específicos de leitura, escrita, recorte e colagem.	Todos os dias.	A professora regente ou a estagiária junto com o aluno.	Na sala regular.	Caixas de papelão, atividades xerocadas, livros de história, revistas, cola, tesoura, lápis, borracha, material concreto, lápis de cor, lápis de cera, canetinha e cola colorida.

Fonte: Registros da Escola.

Assim, o quadro de atividades diárias, para aquele momento, foi confeccionado no terceiro trimestre como ser um referencial para o aluno em relação às atividades que seriam desenvolvidas no dia. Essas atividades eram associadas a caixas identificadas com recorte e colagem, leitura e escrita. Além de terem figuras dos diferentes momentos do horário da turma, como: informática, biblioteca, educação física, recreio, música, havia os horários diferenciados do AEE (nesse ano sugerimos no turno) e sala de vídeo. Foi discutida a possibilidade de fazer essas fichas com a foto do aluno, considerando suas respostas ao catálogo usado em 2008, porém ficou decidida, na reunião com os profissionais, a utilização de figuras para a representação das atividades.

Segundo Baptista (2006, p. 93), "[...] o compromisso do educador tem como base a sua apropriação de seus próprios recursos e instrumentos: a observação, o diálogo, a negociação e a avaliação que retroalimenta o agir do educador".

A professora regente, a partir do segundo trimestre, ficava com o aluno na sala, e a estagiária desenvolvia, com os outros alunos, as atividades planejadas pela professora. Essa professora regente entendia que era importante para Rafael permanecer na sala e que ela precisava participar desse momento, propondo atividades e fazendo junto com ele. Discutiremos esse episódio no próximo capítulo.

Para 2010, o grupo organizou o plano de trabalho para o aluno (Quadro 2) considerando os resultados do ano anterior. Esse plano não desconsiderava os momentos em que ele demonstrava querer ficar sozinho, contudo havia a tentativa de mantê-lo o máximo de tempo no grupo. Havia também a construção do caderno do alfabeto ilustrado que não foi mencionado nesse quadro de operacionalização. Esse caderno seguia a mesma sistematização do livro do nome proposto em 2009.

Quadro 2 - Operacionalização do Plano de Trabalho 2010

O que fazer	Como fazer	Quando fazer	Quem faz/fará	Onde fazer	Com quais recursos
Organização das atividades do dia.	Colocar fichas com figuras no quadro.	Todo dia na entrada.	Estagiária.	Na sala regular.	Quadro de tecido com bolsos e fichas com fotos do aluno realizando as atividades.
Chamada com fichas.	Entregar a ficha do nome de cada aluno.	Todo dia.	Professora regente.	Na sala regular.	Fichas com nome dos alunos diferenciadas por gênero.
Atividades em grupo.	Grupos de quatro.	Uma vez por semana.	Professora regente, estagiária e professora especializada.	Na sala regular.	Massinha, tinta, revistas e jogos.

O que fazer	Como fazer	Quando fazer	Quem faz/fará	Onde fazer	Com quais recursos
Livro *Projeto Poluição*.	Selecionar em casa, figuras que representem palavras enviadas na caixa surpresa.	Uma vez por semana.	Família.	Em casa.	Cartolina, revistas, livros, cola, tesoura, barbante e caixa surpresa.
Escrita de palavras.	Recorte, colagem, escrita e outros recursos.	Duas vezes por semana.	Professora regente.	Na sala regular.	Atividade planejada com a imagem e a escrita.
Livro de brincadeiras tradicionais.	Selecionar em casa figuras que representem brincadeiras.	Uma vez por semana.	Família.	Em casa.	Cartolina, revistas, livros, cola, tesoura, barbante e caixa surpresa.
Aula de educação física a partir do livro de brincadeiras.	Brincadeiras com os colegas (registradas com filmagens e fotos).	Duas vezes por semana com o grupo e uma vez no atendimento individual.	Professora de educação física, estagiária e professora especializada.	Na quadra, na sala de recursos multifuncionais.	Vai depender da proposta do livro.
Livro de brinquedos de sucata.	Selecionar em casa figuras que representem brinquedos enviadas na caixa surpresa.	Uma vez por semana.	Família.	Em casa.	Cartolina, revistas, livros, cola, tesoura, barbante e caixa surpresa.

Fonte: Registros da Escola.

Outra atividade introduzida nesse período foi a chamada com as fichas dos nomes dos alunos. Era um momento para trabalhar o objetivo de reconhecimento do nome dos colegas. A professora chamava o nome, mostrava a ficha e o aluno tinha que levantar o braço para Rafael identificar. Ele participava dessa atividade com entusiasmo e nem sempre entregava a ficha para o aluno chamado, mas, com o tempo, percebemos que Rafael perdeu o interesse em entregar a ficha. Porém, já conseguia entregar sem os alunos terem que levantar o braço para ele identificar. Entendemos que ele não queria mais realizar essa atividade, então, não foi mais desenvolvida no segundo semestre.

Alguns resultados são apontados no relatório do primeiro trimestre de 2010 com referência à sua participação nas atividades:

- Nas atividades coletivas sua participação ainda é individualizada, embora se mantenha no grupo;
- Sua permanência na sala regular este ano dependendo do dia, chega a duas aulas. Como a proposta curricular da escola é diversificada o aluno, às vezes, participa de todas as atividades do dia. Ou não participa de nada, mesmo com a intervenção dos profissionais que o acompanham;
- Estar na sala não significa que ele está acompanhando o conteúdo trabalhado, mas planejamos para que seja dado ao aluno o acesso ao conteúdo adaptado à sua necessidade e respeitando seu tempo de resposta;
- Diante da apresentação das atividades o aluno só focaliza sua atenção com ajuda verbal da estagiária para manter a atenção;
- Fica mais atento quando são usados recursos coloridos e grandes. (PROFESSORA ESPECIALIZADA, relatório de desenvolvimento do aluno 1º semestre, 2010)

No plano de trabalho para 2011, consta que, com o retorno para as atividades escolares, foi preciso novas adaptações. Destacam-se objetivos específicos desse plano, entre outros:

- Desenvolver atividades que ampliem o vocabulário do aluno por meio de leitura e escrita, visto que o aluno encontra-se no processo inicial da alfabetização;

- Elaborar estratégias para desenvolver a concentração no grupo;
- Elaborar objetivos que atendam às especificidades do aluno, adaptando os objetivos propostos para o grupo.

Esse plano de trabalho foi elaborado pelo grupo no final do primeiro semestre,[12] após discussão e planejamento sobre quais seriam os objetivos trabalhados com o aluno e a construção do plano de trabalho.

No quadro de operacionalização do plano de 2011 (Quadro 3) foram sistematizadas, de modo geral, as ações envolvendo outros profissionais, de forma diferente da apresentada nos anos anteriores. Não foi previsto "um momento do aluno no 1º ano", conforme sugerido pela professora do ano anterior, no caderno de planejamento (2010), porém os professores, a pedagoga e a diretora sugeriram utilizar os conteúdos de português e matemática do 1º ano para organizar os do aluno.

Quadro 3 - Operacionalização do Plano de Trabalho 2011

O que fazer	Como fazer	Quando fazer	Quem faz/fará	Onde fazer	Com que recursos
Organização das atividades do dia.	Apresentar a sequência de fotos das atividades do dia.	Todo dia na entrada.	Estagiária.	Na sala regular	Quadro de tecido com bolsos e fichas com fotos do aluno realizando as atividades
Atividades em grupo.	Grupos de quatro.	Uma vez por semana.	Professora regente.	Na sala regular	Massinha, tinta, revistas e jogos

---

[12] O ano letivo teve início com greve dos professores e a adesão de alguns profissionais da escola a esse movimento.

O que fazer	Como fazer	Quando fazer	Quem faz/fará	Onde fazer	Com que recursos
Atividades de português, matemática, história, geografia e ciências.	Utilizar os livros ou atividades xerocadas adaptadas.	Todos os dias.	Estagiária e professora especializada.	Na sala regular.	Livro da turma ou não, atividades xerocadas, jogos, lápis, borracha, tesoura, cola etc.
Atividades para casa.	Pesquisa e atividades com ajuda da família.	Duas vezes por semana.	Família.	Em casa.	Revistas, livros, cola, tesoura e caixa surpresa (quando necessário).
Educação física.	Fundamentos da ginástica olímpica e atividades adaptadas.	Três vezes por semana.	Professora de ed. física e estagiária.	Na quadra.	Colchonete, banco, tábua de equilíbrio, malabares construídos com bolinhas etc.
Atividades que desenvolvam a expressão.	Colagem, pintura, desenho, mosaico etc.	Duas vezes por semana.	Professora de artes e estagiária.	Na sala de artes.	Cola, papel, linha, tinta, pedra de aquário, EVA, tela, pincel, barbante, areia etc.
Biblioteca.	Leitura de livros com recursos visuais.	Uma vez por semana.	Professora regente, estagiária, bibliotecária.	Na biblioteca.	Fantoche, folhas ampliadas, EVA etc.
Informática.	Atividades de informática com jogos educativos.	Uma vez por semana.	Professora regente, estagiária e professor de informática.	No laboratório de informática.	*Software* e jogos da *internet*.

Fonte: Registros da Escola.

No plano apresentado, não fica claro quais seriam as atividades para o desenvolvimento da linguagem escrita. Encontrei no caderno de planejamento de 2011, como continuidade do ano anterior, que a proposta era diminuir as atividades de cópia de palavras para o aluno "[...] escrever sem reproduzir, associar a figura com a palavra". Segundo a professora regente, Rafael já estava traçando letras e tentando montar as palavras. Ela sugeriu fazer um "[...] atendimento no contraturno para melhorar o vínculo com o aluno e fazer o reforço escolar", conforme registro no caderno de planejamento (30-05-2011).

Diante do exposto, observo que o trabalho pedagógico desenvolvido no CMEI era realizado pela professora regente e pela estagiária que acompanhava o aluno na maior parte do tempo. Eram disponibilizados para o aluno materiais e propostas atividades desenvolvidas pelos outros alunos, mas Rafael tinha as suas preferências por massa de modelar e música. Na EMEF, mesmo com a intenção de usar um programa comportamental para o trabalho inicial com o aluno, os registros revelam que as ações implementadas estavam voltadas para a adaptação do aluno ao espaço. A partir da (in)formação, os profissionais da escola começaram a organizar suas ações considerando o que já conheciam do aluno, suas preferências e o registro do trabalho sistematizado. Essa organização, de certa forma, ajudou a configurar as ações que levariam Rafael a participar das atividades, o que é essencial para se pensar a criança com autismo no grupo (CHIOTE, 2011).

No transcorrer dos anos, os profissionais envolvidos na inclusão de Rafael haviam pensado, discutido e organizado o trabalho pedagógico a cada ano, mas como foi o processo de avaliação do aluno? A partir de quais objetivos? O que a avaliação pode nos indicar sobre seu percurso na EMEF?

Os dados sobre a avaliação, que serão discutidos a partir deste momento, consideram o que estava registrado pelos profissionais no decorrer dos anos e revelam algumas tentativas de conhecer Rafael e de acompanhar seu desenvolvimento.

A proposta da escola, de acordo com o plano de trabalho do aluno (2011), era realizar a avaliação de forma "[...] processual por meio de observações, registros dos professores e estagiária, ficha de avaliação da turma (com os objetivos adaptados para a realidade do aluno) e ficha de avaliação específica do aluno". A ficha confeccionada para a avaliação foi uma ferramenta que fez parte da construção do processo avaliativo do aluno na escola. Constatei que, inicialmente, os profissionais seguiam, no trabalho educativo com Rafael, em alguns momentos, o que eles tinham como prática estabelecida para as crianças sem deficiência.

Os dados da avaliação nos ajudam a reconstruir passagens do percurso do aluno em relação às atividades de leitura e escrita. Rafael, a princípio, na EMEF, mal pegava no lápis para registro, negava-se a ficar na sala e fazia atividades repetidas e com pouco diálogo. A trajetória do trabalho pedagógico para o aluno na escola foi em direção à compreensão do que estava fazendo, com os sentidos sobre as suas produções sendo construídos nas atividades compartilhadas com professores, alunos, estagiária e família. A ação dos profissionais com o aluno, em diferentes contextos, sinaliza o interesse de que Rafael interagisse com os outros, demonstrando o que queria, sem agressão, e que avançasse na apropriação de conhecimentos. Para isso, a mediação pedagógica foi fundamental. Considerávamos que a ação intencional e planejada potencializaria sua participação nas atividades, possivelmente como um sujeito ativo em seu processo de aprendizagem.

Todas as ações da escola eram acompanhadas e discutidas com a família, pois ela tinha acesso ao plano de trabalho anual, aos objetivos da turma e as atividades adaptadas de acordo com a especificidade do aluno, e aos relatórios de desenvolvimento trimestrais dele. E em cada momento, refletíamos sobre as necessidades de aprendizagem e a percepção da família quanto ao desenvolvimento do aluno.

Longe de propor caminhos rígidos generalizados para todos os alunos com autismo, considerar o que foi planejado para o sujeito, quais foram os profissionais envolvidos e a organização do plano de trabalho anual aponta aspectos positivos para pensar o trabalho educativo para essa criança. Além disso, as ações implementadas contribuem para a reflexão sobre a educabilidade desse sujeito com o olhar das possibilidades e não da receita, reconhecendo que o trabalho educativo precisa ser discutido, de forma permanente, sistemática e coletiva.

Apesar de todos os avanços no desenvolvimento do aluno na sua escolarização e da minha percepção quanto ao seu interesse em participar de algumas atividades e permanecer na sala de aula, ainda me questionava quanto ao processo de construção da leitura e escrita sistematizada por ele. Os profissionais continuavam com dúvidas em relação ao trabalho pedagógico, para o ensino e aprendizado do aluno, já que nem todas as nossas tentativas de registro com escrita e jogos eram aceitas por ele. Suas colagens eram sobrepostas e a utilização da massa de modelar era sem formas, apenas ficava juntando todas as cores e amassando, fazendo tudo com muita rapidez e sem esperar o enunciado do que iríamos fazer.

Neste capítulo, discuti os caminhos trilhados para o processo de escolarização da criança, considerando os trabalhos realizados e a forma como Rafael foi se constituindo aluno pela interação no grupo, participação nas atividades, momentos essenciais para potencializar a aprendizagem e o desenvolvimento dos sujeitos. Passando pelo simbolismo, retomarei passagens do percurso da criança em direção ao que vamos chamar de apropriação da leitura e da escrita.

CAPÍTULO 5

O DESENVOLVIMENTO DE RAFAEL EM RELAÇÃO À LEITURA E À ESCRITA

> *Basta imaginarmos as enormes transformações que ocorrem no desenvolvimento cultural das crianças em consequência do domínio do processo de linguagem escrita e da capacidade de ler, para que nos tornemos cientes de tudo o que os gênios da humanidade criaram no universo da escrita*
>
> *(LURIA, 2007)*

A linguagem escrita é hoje um dos maiores bens culturais da nossa sociedade. Aprender a ler e a escrever é essencial para a plena inserção do sujeito na sociedade letrada, e a escola é a instituição que tem por função criar as condições necessárias à apropriação da leitura e da escrita pelos alunos. Mas será que todos os alunos têm acesso a esse conhecimento? Como as crianças com autismo se apropriam da linguagem escrita como bem cultural?

Para aprofundar a discussão sobre essas questões, organizei este capítulo considerando os registros encontrados nos relatórios de avaliação arquivados e os oriundos da pesquisa de campo realizada na escola, no segundo semestre de 2011, em dois momentos: o primeiro discutirá aspectos referentes ao percurso de simbolização de Rafael, para isso busquei indícios desse processo nos gestos, no desenho e nas primeiras produções de Rafael referentes à leitura e à escrita. O segundo momento enfocará, predominantemente, o desenvolvimento da leitura e da escrita.

5.1 Aspectos do Percurso de Simbolização: Gestos, Desenhos e Linguagem Escrita

Os estudos de Vigotski e Luria (2007; 2010) nos levam a indagar sobre os percursos de simbolização da criança com autismo e sobre o desenvolvimento da leitura e da escrita em relação a esses sujeitos. Aprender a ler e a escrever implica uma capacidade mais refinada de atuar no plano do simbólico, que, por sua vez, implica ainda uma relação mais estreita entre o pensamento e a linguagem.

No caso das crianças com autismo, a escassez de estudos sobre a maneira como se articulam pensamento e linguagem na constituição desses sujeitos traz desafios para pesquisas que buscam compreender o processo de desenvolvimento da leitura e da escrita por essas crianças. Quais os percursos de simbolização delas? Como interagem com as situações de brincadeira de faz de conta, com a produção e a significação de desenhos e de escrita? De que maneira a prática educativa pode se organizar para possibilitar os avanços no desenvolvimento da leitura e da escrita desses sujeitos?

Para compreender o percurso de simbolização da criança com autismo, é necessário estudar o que Vigotski e Luria (2007, 2010) chamaram de pré-história da linguagem escrita, ou seja, o que acontece com a criança antes de entrar nos processos deliberados de alfabetização.

Conforme discutido no capítulo quatro, a apropriação da língua escrita é, para Vigotski (2007), a aquisição de um sistema simbólico de representação da realidade, denominado pelo autor de simbolismo de segunda ordem. A pré-história da linguagem escrita envolve a apropriação dos gestos, da fala, do desenho e do jogo imaginário; práticas culturais que se constituem em atividades de caráter representativo.

Descreverei a seguir vestígios do percurso de simbolização do aluno encontrados nos documentos analisados, nos momentos em que atuamos como professora de educação especial e na observação participante durante a pesquisa.

Sobre os gestos, em 2009, encontrei o registro dos avanços do aluno em relação às atividades realizadas com massa de modelar. Até esse momento, a criança não demonstrava produzir gestos com intenção de se expressar e a escola não investia nessa modalidade de linguagem. Um evento ocorrido no mês de agosto de 2009 chamou a atenção do grupo para a necessidade de investir nessa linguagem de forma mais sistemática.

Nesse ano, foi adquirido um *kit* (Foto 1) com formas de letras, animais e objetos para ser colocada a massa de modelar própria e fazer o formato dos objetos. Como professora de educação especial, utilizava esse material para trabalhar com o aluno.

Foto 1 - Aluno com Kit de Massa de Modelar

Fonte: A Autora.

Ao interagir com o material, as modelagens construídas com as formas eram desmanchadas em seguida por Rafael. Não conseguia fazer a leitura do que era o objeto. Isso aconteceu por dias, fazia as modelagens e ele desmanchava. Até que um dia fiz a modelagem, deixei no canto da mesa e disse: "Não desmancha, vamos colocar outra!". E coloquei rapidamente outra modelagem do mesmo objeto (sorvete) e fiz o gesto com a mão e o barulho com a boca como se estivesse tomando um sorvete. Ele olhou e pegou a minha mão para que repetisse o gesto. Fiz novamente e mais outras vezes, e quanto mais repetia o gesto, mais ele pedia para repetir, pegando minha mão para que fizesse o gesto.

Trabalhei semanas com esse material, e a modelagem mais pedida por ele era o sorvete, apontando o molde e colocando a massa. Em seguida, pegava minha mão para que fizesse o gesto de tomar sorvete.

Tempos depois, sua mãe me informou o que ocorreu quanto ela estava caminhando em seu bairro para levar um bolo, como doação, que seria vendido em uma feira na praça. Ela estava fazendo tentativas de deixar Rafael mais sozinho para andar na rua, sem segurar as suas mãos o tempo todo. Aproveitando que o bairro estava tranquilo, seguiu com ele pela calçada. Em um determinado local, ele parou e chamou sua mãe para entrar em um centro comercial, segurando o seu braço e puxando-a. Como estavam atrasados, ela não entrou e seguiu o seu caminho em direção à praça. Na volta, ele, novamente, ao passar em frente ao centro comercial, puxou o braço da sua mãe. Em uma tentativa de entender o que ele queira, perguntou: "O que você quer aí, Rafael? Não vou entrar". Ele começou a chorar e resmungar... até que sua mãe novamente perguntou: "O que você quer?". Rafael fechou a mão e a levou em direção à boca, colocou a língua para fora e fez o gesto de tomar um sorvete.

Sua mãe o via usar o gesto para comunicar uma situação distinta. Em seu relato, ainda emocionada, desabafa que deu um nó na garganta diante do pedido de Rafael, que, a partir daquele dia, usou gradualmente outras formas de comunicação, além de mordidas e tapas, meios mais utilizados anteriormente. "Só fui levar o bolo na praça. Eu não estava com dinheiro naquele momento, chorei por não estar com o dinheiro e não poder dar a ele o sorvete. Mesmo fazendo a restrição alimentar de açúcar e leite, eu daria o sorvete se tivesse com dinheiro".

Fiquei emocionada quando ouvi esse depoimento da mãe de Rafael. Esse momento marcou muito o meu trabalho na escola, pois sabia que esse uso do gesto havia se iniciado com o trabalho com a massa de modelar, e o aluno estava demonstrando que havia compreendido o significado do gesto. Seriam indícios de gestos significativos? Estaria ele usando o gesto como linguagem?

A própria família começou a investir mais no uso de gestos, ensinando-o a (re)produzir sons e gestos tentando imitar o som dos animais, carros, objetos ou, simplesmente, para construir uma forma de comunicação com Rafael. Os gestos, assim como as palavras, então exercem funções sociais que acompanham as atuações da criança, servindo como apoio/auxílio no planejamento de ações e na solução de problemas (VIGOTSKI, 2007).

Na escola, conversamos no grupo de profissionais sobre a ênfase na construção da linguagem gestual no planejamento e decidimos fazer fichas com os nomes e imagens das figuras que mais chamavam a sua atenção, como: macaco, sorvete, pinguim, coração, estrela, flor. Nessa atividade, só chamaram a atenção dele as imagens (Foto 2). As fichas com os nomes ele não pegava, nem para comparar um com o outro. Então, escrevemos nas fichas os nomes dos objetos e ele passou a manusear sempre que estávamos fazendo atividade com a massinha. A estagiária não levava esse material para a sala para não chamar a atenção dos outros alunos. Talvez esse fosse um momento interessante para envolver outros alunos nas atividades com Rafael.

Foto2 – Fichas com Nomes e Imagens

Fonte: A Autora.

Rafael ampliava suas possibilidades de compreensão e uso dos gestos e isso aumentava suas possibilidades de comunicação. Nesse percurso, os profissionais da escola também realizavam interpretações mais apropriadas de seus movimentos, atribuindo a eles novos sentidos. Havia dias em que ele tampava os dois ouvidos demonstrando não querer ouvir ou indicando que estava incomodado com o barulho no refeitório. Durante aquele ano, não compreendemos o que ele queria dizer com aquele gesto. Nem sempre seus movimentos eram entendidos e significados por adultos e crianças na EMEF.

Nas atividades de sala de aula, ele também começa a fazer uso de gestos. No período da pesquisa, observei que Rafael utilizou gestos no processo de apropriação de conhecimentos trabalhados pela professora regente:

> A aula foi na sala de vídeo. A professora estava com um programa que explicava sobre o funcionamento do aparelho digestório, o aluno sentou no fundo da sala entre a estagiária e eu, observando a explicação do vídeo e da professora. Repeti o caminho dos alimentos no aparelho digestório

com gestos da minha mão no meu corpo, dizendo que o alimento entra na boca, segue pela faringe, esôfago, estômago, intestinos e sai pelo ânus, quando vamos ao banheiro. Rafael repetiu o movimento quando eu fiz novamente no meu corpo (DIÁRIO DE CAMPO, 26-08-2011).

Percebei que Rafael não repetiu o gesto de forma mecânica; havia um sentido perpassando o movimento de percorrer o caminho do alimento no corpo humano. Para Vigotski (2000, p.331), a criança, ao fazer algo em colaboração, sempre pode fazer mais do que sozinha.

> O desenvolvimento decorrente da colaboração via imitação, que é a fonte do surgimento de todas as propriedades especificamente humanas da consciência, o desenvolvimento decorrente da imitação é o fato fundamental. Assim, o momento central para toda a psicologia da aprendizagem é a possibilidade de que a colaboração se eleve a um grau superior de possibilidades intelectuais, a possibilidade de passar daquilo que a criança consegue fazer para aquilo que ela não consegue por meio da imitação.

Em outro contexto, o aluno lembrou-se desses gestos do aparelho digestório quando estávamos na quadra, na semana de comemoração do Dia da Criança:

> Cheguei à escola na terça-feira e todos vieram me contar como tinha sido o dia anterior. 'Rafael se esbaldou!', disse a estagiária. 'Comeu de tudo: algodão doce, churrasco, suco com açúcar, ele se divertiu muito!', completou. Quando ele chegou, ficou resistente para acompanhar a turma, queria ficar no pula-pula que estava no pátio da frente da escola. Após intervenção das professoras e estagiária ele foi para a quadra, mas não entrou. [...] depois de muita insistência, conseguiram levar ele para a quadra, após a professora mostrar a máquina com as fotos do dia anterior. Ela mostrou para ele e, quando passou pela

foto em que ele estava na fila do algodão-doce Rafael fez o gesto do caminho do alimento no seu corpo. Repetiu o movimento do aparelho digestório estudado com a turma (DIÁRIO DE CAMPO, 11-10-2011).

Mesmo com os avanços observados com a utilização dos gestos pelo aluno, o desenvolvimento da fala era um momento esperado por todos os que trabalhavam com ele, inclusive pela professora de educação especial, Alessandra, que deixou isso claro no planejamento com a estagiária e a pesquisadora. Segundo ela, o uso do gesto não é suficiente para entender o que o aluno deseja. Conforme o seu relato: "Ele só faz mexer a boca e pego para ele. Meia palavra basta, então não precisa falar o resto [...]. Não quero que ele faça um gesto do que ele quer e eu simplesmente atendo, ele precisa tentar falar" (DIÁRIO DE CAMPO, 01-09-2011).

Notei que, de certa forma, falta conhecimento à professora em relação ao significado dos usos da linguagem gestual, por isso sua insistência pela oralidade do aluno. No entanto, ao meu ver, o aluno estava aprendendo a usar outras formas de comunicação, que não necessariamente passaria pela fala oral. E era nisso que precisávamos investir.

A professora de educação especial, Alessandra, conta ainda:

> Ontem ele achou um pincel depois do recreio não sei onde. Era o horário de eu ficar com ele para o planejamento da estagiária. Rafael lavou o pincel na sala de artes e pediu com gesto que queira pintar, passando o pincel em sua mão. Fiquei pedindo para ele dizer o que ele queria e disse: 'Vamos voltar para sala e perguntar se a professora tem tinta?'. Ele perguntou movendo a boca. A professora disse que não tinha. Falei: 'Vamos perguntar para a professora de Artes?' Ela deu uma tinta vermelha após ele fazer o gesto de pintar passando o pincel na mão e mexendo a boca sem emitir som. Retornamos para a sala regular e desenhei um coração e uma flor para ele colorir

com a tinta. Ele achou um pedacinho de papel e quis colar com a tinta. Eu disse: 'Ah, não, se é para colar, vamos colar letras'. Peguei uma revista e recortei as letras, entreguei para ele, disse qual era a letra e ele colou nos desenhos. A professora Mara se aproximou da mesa e entreguei as letras para ela mostrar a ele. Quando recortei a letra R, ela disse: 'Olha, é do seu nome. Como é em LIBRAS?'. Ele fez o sinal correspondente à letra. A partir desse momento, a cada letra apresentada, ela perguntava como era em libras e ele respondia, às vezes buscando auxílio com os olhos no quadro do alfabeto em Libras que fica ao lado de sua mesa (DIÁRIO DE CAMPO, 01-09-2011).

Nesse período da pesquisa, o aluno estava acostumado a colar com o pincel, pois sua mãe pedia para ele usar em casa o pincel para espalhar a cola quando suas mãos estavam irritadas devido ao quadro alérgico. Assim, temos um indício de que, quando o aluno fez o gesto com o pincel na mão, provavelmente não queria pintar com tinta e sim fazer atividade de colagem. Este é um indício de que o aluno não só imitava gestos de outros, mas se apropriou de alguns gestos e os utilizava adequadamente em situações de interação. Vale ressaltar o interesse das professoras de significar o momento em que Rafael demonstrou o que realmente queria. O relato mostra que ele colou, mas não aleatoriamente, colou letras e as professoras deram sentido à atividade de colagem, usando tanto o alfabeto convencional em Português como o alfabeto manual da Língua Brasileira de Sinais (Libras).[1]

No episódio apresentado, destaco dois aspectos: primeiro, a forma como o aluno utiliza a Libras como um recurso auxiliar no aprendizado das letras do alfabeto. "Traçou" as letras apresentadas pela professora com sinal e não graficamente. Em outros momentos, observo que, além de utilizar o sinal em Libras para

---
[1] A professora regular realizava oficinas para vivenciar, de forma singela, o uso de comunicação com a Libras, às quintas-feiras, nas primeiras aulas.

"traçar" a letra, depois ele representava a letra graficamente. Assim, temos a hipótese de que a Libras pode ser uma língua, como recurso alternativo utilizado pela criança para a realização das tarefas e para interlocução com o outro; no lugar do som, aparece o gesto preenchendo o espaço vazio deixado por sua ausência.

Sobre a utilização da Libras, notei que a professora regente fez uso desse meio de comunicação para, possivelmente, contribuir, a partir dessa língua, com a participação do aluno nos momentos das atividades ou na construção de sua comunicação com o grupo.

Os estudos iniciais sobre autismo (KANNER, 1966; AJURIAGUERRA, 1973) mencionam os distúrbios de comunicações verbais e não verbais, que incluem a ausência da fala ou a repetição do que se ouve fora de um contexto (ecolalia). Concordo com os estudos de Delfrate, Santana e Massi (2009, p. 331), que consideram a fala e os gestos da criança com autismo como significativos e com "[...] uma postura de escuta de sua fala, dando sentidos aos seus enunciados e buscando interpretar e significar suas manifestações verbais e não verbais".

Rafael começou a utilizar gestos para se comunicar demonstrando seus interesses, suas necessidades e indicando que entendeu o que era solicitado. Por meio da imitação, o gesto era ensinado pelo adulto e pelas outras crianças. Nesse sentido, há indícios de apropriação de alguns gestos (Libras), principalmente pelas respostas do aluno quando solicitado a utilizar o alfabeto datilológico em Libras e quando, no período final da pesquisa, usava os sinal de "banheiro" e "tomar água", incentivado pela professora regente. É necessário aprofundar, em outro momento, qual é o papel que a Libras pode ter na comunicação e organização de seu pensamento, o que não foi possível neste estudo.

O segundo aspecto diz respeito à tentativa do aluno para se comunicar oralmente, movendo os lábios. Em alguns momentos, percebi que ele movia os lábios na escola. Nesse caso, identifiquei um motivo para isso. Havia um sentido para a interlocução. Ele queria realizar uma atividade de colagem, a professora entendeu que era pintura, solicitou que ele buscasse saídas para conseguir fazer o que queria, para isso a criança movia os lábios, mas o som não saía.

A professora de educação especial incentivava a criança a falar, mostrava que ela precisava pedir, usando a linguagem oral, o que ela queria para a outra professora. Isso é um reconhecimento da possibilidade de construção da linguagem do aluno, pois ela não queria "meias-palavras".

Durante a observação participante, a criança, em alguns momentos, repetia a palavra "tem". Não consegui entender inicialmente o que isso significava. Porém, na pesquisa, percebi um investimento para que Rafael, em alguns momentos desse um sentido para a essa palavra, conforme o episódio abaixo narrado pela estagiária:

> Estávamos no corredor, e o aluno começou a dizer 'Tem, tem, tem'. Eu, então, disse: 'Rafael, tem o quê?'. Ele disse: 'Tem, tem, tem'. Olhei para ele e falei: 'Vamos ver o que tem!' e parei em frente a um cartaz que estava na parede de entrada e disse: 'Veja o cartaz, tem uma menina?'. Ele respondeu: 'Tem, tem'. Eu disse: 'Isso, tem uma menina! E o que mais? Vamos ver... tem um menino e tem frutas!'. Rafael disse: 'Tem, tem, tem!' (DIÁRIO DE CAMPO, 27-09-2011).

No episódio acima, a estagiária mostrou para o aluno um dos significados da palavra "tem" ao apontar e falar sobre a menina, o menino e as frutas. Não sabia ao certo se Rafael estava compreendendo, mas aproveitou o momento para que fosse atribuído significado a palavra "tem" emitida pelo aluno.

Indago-me sobre como essa criança compreende as palavras da estagiária, que sentidos atribui a elas? Vigotski (1983,

2004, 2007) chama a atenção para o papel da linguagem na organização do pensamento da criança. Embora Rafael raramente verbalizasse, constatei avanços em seu pensamento, não falar não significa a não ocorrência de desenvolvimento das funções mentais. Caminhos alternativos parecem ter se estabelecido na relação entre o pensamento e a linguagem. Esse fato aponta a necessidade de novos estudos que tratem desse tema.

Encontramos vestígios sobre o simbolismo por meio do desenho, quando destaco, no relatório de 2005, feito pela professora regente os seguintes pontos:

- Com tinta guache, sente prazer em mexer, faz movimentos rápidos em toda folha.
- Com giz de cera, rabiscos com força por toda folha, utilizando o verso da folha. Seus rabiscos têm formas de ziguezague e às vezes círculos (PROFESSORA REGENTE, relatório de avaliação do aluno, 2º semestre, 2005).

Nesse mesmo ano, o relatório apresentado pela professora do laboratório pedagógico,[2] que atendia os alunos encaminhados pelos CMEI, confirma as preferências do aluno e a forma como ele indica o que não quer realizar, com autoagressão na cabeça. A professora escreve que o aluno gostava "[...] de fazer garatujas no quadro e desmanchá-los com as pontas dos dedos" (PROFESSORA DE EDUCAÇÃO ESPECIAL, avaliação semestral do laboratório pedagógico, 2005).

Já em 2007, segundo o relatório escrito pela professora regente, o aluno apresentava entusiasmo com atividades que envolviam materiais diversificados e desenho. "As atividades artísticas são desenvolvidas por ele com atenção e entusiasmo, executando técnicas como: colagem, modelagem, desenho e pintura, também tem demonstrado interesse por montar quebra-cabeça".

---

[2] Local utilizado, até 2006, para atendimento especializado aos alunos com deficiência.

Em 2008, Rafael ainda não desenhava com formas definidas. Quando solicitado que desenhasse o que quisesse, ele fazia rabiscos desordenados (Foto 3). Repetia os rabiscos também quando o desenho era dirigido.

Foto 3 – Rabiscos

Fonte: A Autora.

Foi preciso ensinar a criança a desenhar e em qualquer espaço, no chão do pátio enquanto estava no balanço ou na mesa do refeitório enquanto lanchava, embora não fosse o espaço mais apropriado para desenhar. Mas, se era ali que ele parava e parecia estar disposto a ouvir, ver os desenhos e, às vezes, participar no traçado do desenho, então era ali que se faziam os desenhos e a escrita. E isso foi realizado durante o ano de 2009.

Aos poucos Rafael foi demonstrando que queria participar do desenho, completar a forma desenhada (pessoa, sol, casa, árvore, por exemplo) e indicando que já sabia do que estávamos falando quando ouvia: *"vamos desenhar?"*.

Isso ficou mais evidente em 2010, em um encontro do atendimento educacional especializado no período em que ainda éramos professoras de educação especial na escola. Em uma atividade para explorar uma casa com figuras e sons, foi solicitado que o aluno escolhesse um objeto para desenhar. Ele escolheu o sol, e pedimos que desenhasse o sol. Ele desenhou. Depois escrevemos o nome SOL para ele (Fotos 4 e 5):

Foto 4 – Desenho Representando o Sol

Foto 5 – Escrita da Palavra Sol

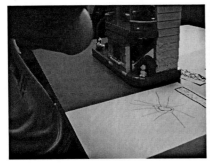

Fonte: A Autora.

Fonte: A Autora.

Ensinar o aluno a desenhar, passou pelo processo de fazer o desenho para ele ver, fazer o desenho com ele e, por fim, deixar ele fazer o desenho sozinho. Não foi um percurso linear, pois, mesmo quando solicitado que desenhasse sozinho, nem sempre ele fazia. Esse fato de não fazer o desenho não significava que não soubesse desenhar, mas poderia ser uma falta de vontade ou de compreensão do motivo de fazer o desenho.

Durante a pesquisa, percebo que eram oferecidos poucos momentos para o aluno desenhar, ou pelo menos encontrei poucos registros de desenho feitos pelo aluno. Então, entendo que esse era um ponto importante para explorar durante o estudo e, já no início do período de observação, registrei a seguinte cena:

> Ele voltou na sala de recursos três vezes e por fim eu (a pesquisadora) o chamei para pegar um dado que tinha figuras de árvore, folha, flor, fruto, Sol, chuva. Peguei um pincel de quadro branco para desenhar o que caísse no jogo de dado. E desenhei para ele e junto com ele. Primeiro desenhamos a árvore. Pedi para ele escrever o nome do que tinha desenhado, ele não escreveu. Então eu escrevi. Desenhamos e escrevemos outros objetos que caíram no jogo do dado e do cartaz do alfabeto ilustrado que fica abaixo do quadro branco. Quando o aluno não quis mais desenhar e escrever, apagou o quadro e buscou outra atividade (DIÁRIO DE CAMPO, 10-08-2011).

Explorar o desenho incluiu chamar o aluno para participar da construção, tendo em vista mostrar para ele o que eu queria, ou seja, desenhar a figura que "caísse no jogo do dado". Sua participação ainda era acompanhando o que o outro fazia. Na maioria das vezes em que era chamado para desenhar, participava ora olhando para a produção, ora segurando a caneta e fazendo os traços do desenho.

Representar com desenho partes do corpo, figuras conhecidas, como sol, casa, árvore ou carro, era uma experiência importante para a apropriação da escrita das letras, por isso, a criança precisa de incentivo para realizar essa ação, como aconteceu na cena do desenho após leitura e exploração do livro: *Pequenos filhotes: caco o macaco*, de Jaqueline Kormann (2005). Solicitei que o aluno ilustrasse a história depois de explorar as imagens e a escrita no livro (DIÁRIO DE CAMPO, 17-11-2011) (Fotos 6 e 7).

Foto 6 – Livro Caco, o Macaco

Fonte: A Autora.

Foto 7 – Desenho da História

Fonte: A Autora.

    Primeiramente, Rafael demonstrou não querer desenhar e, após insistência da estagiária, ele desenhou um círculo com olhos, nariz e boca, e a estagiária chamou de macaco. O aluno copiou parte do título do livro escrevendo MACACO.

    Atribuir significado ao desenho de Rafael foi importante para ele avançar no desenvolvimento das funções psicológicas superiores. Precisávamos saber se ele conseguiria representar a história por meio de desenho e, inicialmente, percebemos que ele só desenhava o que queria e já conhecia. Não se arriscava muito no desenho.

    A esse respeito, Vigotski (2007, p. 135) diz: "O desenho é uma linguagem gráfica que surge tendo por base a linguagem verbal". É ele considerado, portanto, um estágio preliminar no desenvolvimento da linguagem escrita.

Se o desenho tem como base a linguagem falada, como houve avanços no desenho de Rafael, se ele raramente verbalizava? Em minha reflexão sobre a relação entre o pensamento e a linguagem no caso de Rafael, entendo que a palavra do adulto mediando sua relação com o desenho teve um papel muito importante: a linguagem verbal do adulto orientou e atribuiu sentidos aos traços que Rafael fez na folha, indicando que era a representação do desenho observado no livro.

A escrita também ativa as funções psicológicas superiores, constituindo outra forma de manifestação da linguagem. Luria (1986, p.145) define a escrita como

> [...] uma função que se realiza, culturalmente, por mediação. O escrever pressupõe [...] a habilidade para usar alguma insinuação (por exemplo, uma linha, uma mancha, um ponto) como signo funcional auxiliar, sem qualquer sentido ou significado em si mesmo, mas apenas como uma operação auxiliar.

Assim, por último, descrevo passagens dos primórdios do desenvolvimento da leitura e da escrita encontrados nos documentos, nas entrevistas e em alguns momentos da observação participante.

Retorno aos documentos do CMEI e encontro vestígios apresentados no relatório de 2005, indicando que o aluno tinha contato com a linguagem escrita, por meio de revistas e letras do alfabeto, e que demonstrava prazer em folhear revistas buscando imagens de seu interesse. Com apenas três anos de idade, utilizava tesoura e fazia colagem nas atividades realizadas com esse fim. Os minutos em que a criança fazia alguma atividade eram indicados como avanço, pois nem sempre conseguia permanecer por muito tempo atento às atividades propostas.

- Com revistas folheia observando atentamente figura que te interessa.
- Com encartes, manuseia perfeitamente a tesoura para recortar e colar alimentos (para atividade).
- Sala de informática não teve interesse no computador. O que chamou sua atenção foi a mesa do alfabeto, balbuciava o tempo todo retirando todas as letras e colocando uma ao lado da outra em seguida devolvendo para o tabuleiro uma do lado da outra, isso com muita rapidez, esta atividade prendeu a sua atenção por seis minutos (PROFESSORA REGENTE, relatório de avaliação do aluno, 2º semestre, 2005).

Nesse relato, a criança, diante da mesa do alfabeto, era capaz de retirar as letras, organizá-las uma ao lado da outra e devolvê-las sem dificuldade.

Conforme o mesmo relatório, Rafael falava poucas palavras "[...] sendo a palavra mamãe a mais usada por ele. [...] não apresentou ainda desenvolvimento na oralidade, continua com o som do balbucio" (PROFESSORA REGENTE, relatório de avaliação do aluno, 2º semestre, 2005). Não sei ao certo quando o aluno deixou de usar a linguagem oral, mas esses registros de oralidade com três anos de idade nos ajudam a levantar a hipótese de avanços no desenvolvimento da linguagem e de possibilidade de compreensão de parte da fala de outras pessoas.

Será que houve uma interrupção no desenvolvimento da oralidade? O que aconteceu para que o aluno deixasse de falar? O balbucio de Rafael poderia ser indício de fala egocêntrica? Poderia sinalizar um processo de internalização da linguagem?

Em relação ao traçado das letras, no relatório de 2007, consta o reconhecimento da letra inicial do seu nome em situações diferentes. Nesse período, percebe-se que ele já conseguia "[...] traçar algumas letras do seu nome, em alguns momentos com o auxílio de nossas mãos e em outros, consegue sozinho" (PROFESSORA REGENTE, relatório, 1º semestre, 2007).

No segundo semestre de 2007, encontrei que Rafael queria "[...] escrever o seu nome em todos os momentos, principalmente no quadro com giz". Percebemos que era desenvolvido um trabalho com o nome do aluno com diferentes materiais. A professora regente registra ter trabalhado "[...] o nome com massinha, com recorte e colagem das letras em revistas ou mesmo das letras escritas" por ela (PROFESSORA REGENTE, relatório, 2º semestre, 2007). A meu ver é possível registrar avanços no simbolismo, com o aparecimento da escrita.

Esses eram indícios do processo de apropriação da leitura e da escrita. Na verdade, o percurso do aluno nessa direção teve um caminho longo e importante, iniciado nas experiências anteriores à educação infantil.

Conforme já discutido, no ano de 2008, momento em que a criança foi matriculada na EMEF, não encontrei registros de tentativas de escrita pelo aluno, devido: à sua resistência em permanecer na sala regular, o desafio da equipe em tentar registrar as atividades e a não aceitação em pegar no lápis (mesmo com ajuda).

A participação da família foi sendo significativa a cada ano. Em 2009, foi feito o *Livro do nome*, em 2010 o *Caderno do alfabeto ilustrado* e, em 2011, foram encaminhadas atividades para casa duas vezes por semana em folhas xerocadas, na maioria das vezes. Uma grande participação da família era enviar, em uma caixa, objetos com as letras indicadas para a confecção do *Livro do nome do aluno* e, depois, para a confecção do *Caderno do alfabeto ilustrado*. Essa atividade era feita com uma letra de cada vez. Eram coladas pelo aluno figuras que começavam com a letra, e os objetos enviados pela família cujo nome se iniciava com a letra eram trabalhados naquela semana. Assim, o aluno levava a caixa no final de semana, a família separava os objetos junto com ele e, na segunda-feira, era entregue à professora regente e à estagiária para explorar juntamente com a colagem das figuras na folha que iria compor o seu nome no livro ou a letra no caderno. Isso ajudou o aluno a colar distribuindo as figuras e fazer a leitura das imagens com ajuda (Fotos 8 a 11):

Foto 8 – Caixa Enviada para Casa

Fonte: A Autora.

Foto 9 – Livro do Nome

Fonte: A Autora.

Foto 10 – Letra A

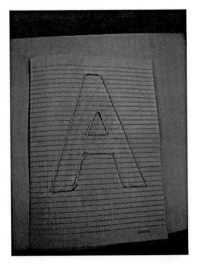

Fonte: A Autora.

Foto 11 – Colagem das Figuras

Fonte: A Autora.

Notei que, no primeiro trimestre do ano letivo de 2010, o aluno novamente colava as gravuras sobrepostas no início do caderno, no entanto, no decorrer do ano, ele volta a respeitar os contornos de cada gravura. Essa atividade despertou um momento de leitura diferente do apresentado até então, pois conseguia ler para a criança as gravuras olhando os detalhes. Eram exploradas as cores, o formato, comparando com os objetos concretos enviados na caixa pela família.

Avaliando o trabalho realizado, discutimos e propomos no grupo de profissionais da escola outras formas de estimular sua descoberta da escrita e da leitura. Em relação à escrita, sugeri escrever em todos os momentos e espaços na escola: na areia do pátio, na mesa, em cartaz, no computador, entre outras ações. Porém, notamos que, às vezes, ele participava do processo outras vezes não. Sobre a leitura, insisti em avançar na significação do texto falado e escrito a partir dos portadores textuais de seu interesse: ler para ele, ler com ele para depois ele ler sozinho.

Isso não significa que o desenrolar dos acontecimentos tenha sido uniforme, tranquilo; não foi assim. Tratarei, no próximo item, dos avanços observados no que se refere ao processo de apropriação da leitura e da escrita.

5.2 Aspectos do Desenvolvimento da Linguagem Escrita

Um desafio encontrado pelos professores participantes da pesquisa foi compreender os sentidos que atravessam a linguagem não verbal que perpassa a interação com a criança com autismo, bem como encontrar recursos para manter a interação tanto por meio da linguagem verbal como de outras formas de comunicação, permitindo a essa criança uma inserção cada vez maior no espaço escolar e ampliação de suas experiências e relações com múltiplos outros e de apropriação dos conhecimentos disponibilizados pela escola, principalmente em relação à linguagem escrita.

Concordo com Gontijo (2008, p.19) quando defende a ideia de que a "[...] alfabetização é um processo de produção de sentidos, por meio do trabalho de leitura e escrita". Os sentidos que perpassam a leitura e a escrita são construídos a partir da relação estabelecida com o outro no processo de escrita. Portanto, destacam-se a visão de mundo que temos e o valor atribuído à escrita nesse contexto. Por que é importante escrever? Para quê? Para quem? Como? Smolka (1993, p. 69) esclarece que a alfabetização implica "[...] uma forma de interação com o outro no trabalho de escritura – para quem eu escrevo, o que escrevo e por quê? [...] precisa ser sempre permeada por um sentido, por um desejo, e implica ou pressupõe sempre um interlocutor".

A alfabetização envolve leitura e escrita como momentos discursivos, porque esse processo de apropriação também vai se dando numa sucessão de encontros dialógicos, de interlocução, de interação, sempre permeado por um sentido, por um desejo de escrever, pressupondo sempre o outro (SMOLKA, 2000).

Tenho clareza de que o sentido só pode ser produzido com a participação do outro, pelas relações estabelecidas e pela linguagem utilizada (verbal ou não). Bakhtin (2010) valoriza o processo de interação que acontece dentro de determinadas condições, sob determinadas formas e tipos de comunicação verbal. Para esse autor, a palavra assume um papel de suma importância dentro do processo interativo, pois, ao mesmo tempo em que parte de alguém, é dirigida para alguém, funcionando como uma ponte entre locutor e interlocutor.

Trata-se aqui dos sentidos que a palavra veicula, mais do que da palavra em si. O ideológico remete ao universo dos sentidos, de como as pessoas veem o mundo e a si próprias, de como os sentidos são produzidos na interação. Assim,

> [...] não é o ato físico de materialização do som, mas a materialização da palavra como signo [...]. Deixando de lado o fato de que a palavra, como signo, é extraída pelo locutor de um estoque social de signos disponíveis, a própria realização deste signo social na enunciação concreta é inteiramente determinada pelas relações sociais (BAKHTIN, 2010a, p. 117).

Podemos dizer que os signos construídos não necessariamente remetem à palavra falada. Um gesto, um olhar, uma expressão de sentidos e elementos de produção de novos sentidos contribuem para a produção de linguagem e para a interação verbal, o que é relevante para pensarmos a interação com a criança com autismo e sua própria constituição.

Assim, parto da hipótese de que, se o educador acreditar no potencial da criança com autismo (e as outras crianças também), se criar condições para que ela se expresse sem receios, apostando no seu conhecimento, promovendo em sala situações em que ela participe da aula, não apenas para cumprir uma etapa de um roteiro, se falar para o aluno e "ouvir" o que ele tem a dizer, possivelmente promoverá formas de interação que trarão resultados significativos para o seu desenvolvimento. E sobre isso, é interessante considerarmos, neste momento, o que aponta Bakhtin (2010a, p.117, grifos do autor) a respeito da interação:

> Essa orientação da palavra em função do interlocutor tem uma importância muito grande. Na realidade, toda palavra comporta *duas faces*. Ela é determinada tanto pelo fato de que procede *de* alguém, como pelo fato de que se dirige *para* alguém. Ela constitui justamente o *produto da interação do locutor e do ouvinte*.

A *palavra* é viva! Produto da interação *de quem fala* e *para quem se fala*. Falar para Rafael e ser compreendido por ele envolveu, no trabalho pedagógico, pensar em recursos alternativos e criar situações para que ele participasse das atividades, sem necessariamente reproduzir cópias de palavras sem contexto e, consequentemente, sem sentido fazer colagem de figuras sobrepostas, fazer leitura das mesmas imagens e permanecer à margem do trabalho desenvolvido com a turma por um período muito longo.

Porém, organizar o trabalho pedagógico a partir dessas condições implicou em um movimento de aproximação dos profissionais que estavam chegando à escola com a criança com autismo, naquele momento inicial da pesquisa. Foram muitos os encontros e os desencontros observados no período da pesquisa: o encontro da professora de educação especial com o aluno; o encontro da estagiária com a escola, com o aluno e com os professores; o encontro do aluno com os diferentes profissionais. Cada um desses encontros foi vivido de forma diferente. A insegurança, a dúvida, a angústia e o medo do novo foram alguns dos sentimentos externalizados pelos sujeitos envolvidos no processo de inclusão do aluno naquele instante. Havia uma aposta de que os momentos de planejamento em equipe poderiam criar uma possível interlocução entre esses sujeitos e os diferentes encontros, momento de ouvir e momento de falar sobre o trabalho pedagógico.

No planejamento com a professora de educação especial e com a estagiária, percebi as angústias iniciais na aproximação com o aluno. Era inverno, o frio vivenciado na quadra e nos pátios pedia um aconchego para esquentar os corpos gelados e distantes. Tanto a professora de educação especial quanto a estagiária estavam chegando na EMEF naquele período e davam sinais de que não queriam permanecer no trabalho nas semanas seguintes, pois, conforme já relatado, Rafael se comportava de forma diferente quando havia pessoas novas envolvidas no trabalho pedagógico. Ele voltou a se bater, correr pelos corredores e ficar fora de sala ou do contexto da turma.

Foi necessário tecer um "cobertor" para aquecer as relações. Havia pistas de que, com o tempo, o aluno iria assimilar as mudanças e as relações voltariam a ficar menos conflituosas. Assim, conversei e expliquei à professora de educação especial e à estagiária que precisávamos ter paciência, deixar ele se acostumar com as novidades, com o toque, com a pressão do abraço, com a voz, com o tom da voz, entre outras coisas. Dar tempo para ele se acostumar significava investir na relação, conversar com ele, ajudá-lo a compreender o sentido das mudanças.

Foram muitas semanas para conseguirmos afinar nossos objetivos! A pesquisa acontecia na escola três dias na semana. Como parte dos procedimentos do trabalho, organizei os horários com momentos de planejamento, produção de materiais e atividades na sala de aula, biblioteca, laboratório de informática e sala de recursos multifuncionais, para que o processo de leitura e escrita da criança com autismo tivesse sentido, primeiro, para os professores.

No estudo, foi necessário o exercício de estabelecer um olhar indiciário sobre os documentos arquivados na escola e o período de observação participante, para destacarmos elementos que pudessem nos ajudar a compreender o percurso do aluno na apropriação da leitura e da escrita. Assim, abordarei, separadamente, nos próximos subitens, aspectos sobre "O percurso da apropriação da leitura" e "O percurso da apropriação da escrita" para análise, mas tenho clareza de que esses são processos interdependentes. Nesses subitens, destacarei conceitos como: o papel da fala na orientação do aluno e o desenvolvimento da atenção voluntária; e o percurso da criança na compreensão do sentido da leitura e da escrita.

5.2.1 A Leitura

Os dados apresentados a seguir indicam um percurso de desenvolvimento da leitura cheio de descontinuidades. Para Vigotski (1997), as leis que regem o desenvolvimento infantil são as mesmas, não importa se é uma criança com deficiência ou não. Para ele, a partir das relações e interações das crianças com o outro, mediadas pela linguagem, bem como das experiências culturais que lhes são possibilitadas, essas leis se tornam diferenciadas quanto ao desenvolvimento infantil.

Diante disso, afirmo que as mudanças no contexto escolar a que Rafael foi submetido a cada ano contribuíram, em parte, para a descontinuidade no seu percurso de desenvolvimento. Apresentarei, a seguir, registros escritos que permitem aprofundar a discussão sobre esse desenvolvimento.

No momento inicial de leitura, ao chegar na EMEF, em 2008, Rafael, quando em contato com livros, folheava rapidamente as páginas, não realizando leitura de imagens ou letras, na maioria dos dias.

Encontrei registros de que, em 2009, Rafael ainda explorava pouco as imagens dos livros e revistas, porém demonstrava que gostava da gravura, batendo o dedo indicador sobre elas, emitindo sons altos que não eram socialmente compreensíveis. Diante do incentivo verbal, recursos coloridos e grandes, o aluno focalizava sua atenção por pouco tempo, necessitando de ajuda para mantê-la, e a estagiária auxiliava-o explorando as formas e as imagens estudadas. Os critérios para a escolha do trabalho pedagógico eram: temas e atividades de interesse do aluno, ou os conteúdos propostos pela professora para a turma e adaptados[3] para o aluno (PROFESSORA ESPECIALIZADA; PROFESSORA

---

[3] Precisamos ter cautela em propor um currículo somente a partir dos interesses do aluno, para não se oferecer uma pedagogia menor (VIGOTSKI, 1997), mas, ao que tudo indica, essa foi a forma de trabalho pedagógico que os professores e a equipe pedagógica encontraram, inicialmente, para deixar Rafael mais próximo da turma.

REGENTE, relatório de desenvolvimento do aluno, 2009). A proposta dessa adaptação era considerar o que do conteúdo trabalhado na sala seria importante para ser ensinado ao aluno. Inicialmente, a equipe pedagógica não tinha certeza se Rafael estava compreendendo os conteúdos.

Em 2010 a criança continuava: "[...] folheando livros e batendo o dedo indicador expressando interesse e gosto por livros de história" (PEDAGOGA, trecho da entrevista concedida em 28-11-2011).

Além da vivência de situações em que a atividade de leitura fosse perpassada por um sentido, a proposta de intervenção pedagógica discutida com os participantes da pesquisa tinha também o objetivo que o aluno aprendesse a direção da escrita no processo de leitura em diferentes portadores textuais. Para isso, foram usados os livros que ele escolhia e outros que nós separávamos para a leitura, como mostra o episódio abaixo:

> Pedi a Rafael para acompanhar a leitura do livro 'A faxina na natureza', de Sylvio Luiz Panza, que ele havia pegado na estante de livros da sala de recursos multifuncionais. Fiz a leitura com entonação e entusiasmo, passando o dedo nas palavras. Ele acompanhou somente a primeira página, as três primeiras linhas. Ele não quis que eu lesse o resto. Era até então, difícil ele acompanhar no livro a história escrita (DIÁRIO DE CAMPO, 02-09-2011).

Não era fácil chamar a atenção de Rafael para o texto escrito. Ele virava a página antes que eu falasse a primeira palavra ou colocasse o dedo na folha e "acompanhava somente a primeira página". Essa resistência em ouvir a leitura das histórias era observada mesmo com os livros de seu interesse, mas precisávamos insistir na leitura, envolvê-lo no texto com entonação, para mostrar a ele que havia uma história no livro, que tanto a leitura de imagens quanto a de palavras escritas implica a construção de sentidos na interação com o texto.

Em setembro de 2011, notei indícios de que ele já havia compreendido o que era leitura de imagem, aspecto trabalhado desde os anos anteriores na EMEF, conforme podemos observar no episódio relatado abaixo que aconteceu na sala regular:

> Rafael veio para perto de mim. Indicou o desejo que eu lesse, sentando-se ao meu lado e mostrando os livros. Aproximei-me dele e disse: 'vamos ler?'. Ele começou a passar rapidamente as páginas do livro 'A Branca de Neve'. Segurei a sua mão, pedi para ele passar devagar e olhar as gravuras, dizendo: 'Veja o que tem no livro!'. Ele apontou a maçã e fez gestos com a mão em direção da boca e mordendo uma maçã imaginária; apontou a casa e juntou as duas mãos imitando o telhado de uma casa; mostrou o Sol e ficou abrindo e fechando os dedos mostrando que estava lendo as imagens. Eu disse: 'Vamos ler as letras, palavras e frases?'. Segui o meu dedo nas letras, nas palavras e nas frases do livro. Ele prestou atenção nas palavras que fui lendo, por pouco tempo, somente a primeira página, o bastante para iniciarmos a leitura de histórias (DIÁRIO DE CAMPO, 13-09-2011).

Os gestos produzidos por Rafael diante da solicitação de leitura de imagens indicavam que ele lhes atribuía sentido. Era uma leitura de imagem, e isso nos dava pistas de que a criança estava fazendo o que um dia o outro fez para ela. A criança não desempenha um papel passivo, é a iniciativa dela que constituiu a razão e a origem da ação do outro, com uma ação interpretativa dos gestos da criança (PINO, 2005).

Na situação descrita, a criança demonstra compreender as imagens que estavam no livro, apontando e fazendo gestos, produzindo sentidos à leitura dessas imagens. Para a *maçã*, faz gestos com a mão em direção à boca, mordendo uma maçã imaginária; para a *casa*, junta as duas mãos representando um telhado de casa; em relação ao sol, mostra o sol, abre e fecha os dedos. Percebe-se, pelos gestos, que havia sentido na sua leitura de imagens.

Mas é possível que Rafael ainda não compreendesse o uso das palavras no texto. Mesmo seguindo a nossa indicação com o dedo nas letras, palavras e frases, o aluno não demonstrava entendimento do que estávamos fazendo, ficando por pouco tempo olhando o caminho que a minha mão fazia no espaço da folha do livro. Mas esse "pouco" tempo poderia ser visto como "muito", se considerarmos a forma como, inicialmente, Rafael manuseava os livros. E foi isso que nos motivou! Acompanhar a leitura de uma página era "o bastante para iniciarmos a leitura de histórias".

Então, planejamos com a equipe que, em todos os momentos em que houvesse algum tipo de leitura, era importante lermos para ele, mostrando que havia um texto escrito na história, além das ilustrações. Esse movimento insistente de ler para ele, aos poucos, estava possibilitando a atribuição de sentido à leitura que realizávamos. Líamos para ele, para depois lermos com ele e, possivelmente, ele ler sozinho. Era a nossa palavra funcionando como ponte entre a criança e o texto escrito.

Dessa forma, o primeiro espaço potencializado para o trabalho pedagógico com a leitura é a aula na biblioteca com toda a turma. Essas aulas eram planejadas, em sua maioria, com antecedência para leitura individual, leitura coletiva ou pesquisa sobre os temas dos projetos desenvolvidos nos trimestres. Em uma delas, o tema para a pesquisa foi "Lendas urbanas". Solicito que a bibliotecária deixe um exemplar do livro que ela estava lendo com Rafael, e fui chamando sua atenção para a leitura. Na aula seguinte, a professora realizou o movimento de oferecer o livro que estava sendo lido para ele acompanhar, seguindo a sugestão dada na aula anterior, conforme o relato abaixo:

> A aula na biblioteca havia sido planejada com um momento de retomada da aula sobre 'Lendas urbanas com a história do 'Fantasma do Convento', sendo utilizada gravação de um CD com narração. Eles ouviram as mesmas lendas lidas pela bibliotecária na semana anterior. Rafael pegou

revistinhas em quadrinhos da Turma da Mônica e ficou folheando. Eu havia chegado à biblioteca depois que a turma havia se organizado. Ele estava sentado no grupo, e a professora regente próximo dele. Quando começou a história no CD, ela pegou o livro que tinha as lendas e deu para ele acompanhar. Ele ficou olhando para a revista em quadrinho e o livro das lendas, e a estagiária tentou mostrar para ele a passagem da história do livro que era lida, conduzindo seu dedo pelo texto escrito (DIÁRIO DE CAMPO, 13-09-2011).

Podemos perceber que a preocupação da professora regente em apresentar o livro com a história trabalhada para o aluno ajudou a contextualizar o que a bibliotecária estava lendo para a turma. A estagiária percebeu que não bastava entregar o livro para o aluno, era preciso acompanhar a leitura com ele e, em outros momentos, literalmente, levá-lo a observar a leitura "conduzindo seu dedo pelo texto escrito", conforme ela mesma disse. Porém, isso ainda não era suficiente para orientar a atenção do aluno para a escrita. Ele buscava outros livros e revistas para compor seu momento na biblioteca (Foto12):

Foto 12 – Estagiária Conduzindo o Dedo do Aluno

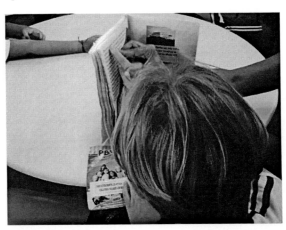

Fonte: A Autora.

Aos poucos, ir às aulas na biblioteca deixou de ser um momento em que o aluno ficava somente com "*Gibis*" e outros livros. Não que essas leituras não sejam importantes; elas o são, quando estão contextualizadas ou em um momento de escolha individual de livros para leitura. Mas, quando a atividade do grupo envolvia o uso de algum recurso diferenciado (dobradura e *slides*), e Rafael queria ficar com leituras paralelas, nesses momentos, buscávamos orientar sua atenção, envolvê-lo na atividade, guardando devagar os diferentes livros que ele tinha à sua frente e mostrando qual era atividade que os outros alunos estavam realizando.

Referindo-se ao desenvolvimento da atenção voluntária, Vigotski (1983) afirma que, a princípio, o adulto dirige/orienta a atenção da criança por meio de palavras, o que desencadeia uma interação da criança com o entorno, em que ela passa a utilizar a palavra como meio para dirigir/orientar a conduta alheia (do adulto). Por fim, a criança torna-se capaz de dirigir sua própria atenção, atuando sobre si mesma; para tanto, recorre, inicialmente, a procedimentos exteriores, internalizando, posteriormente, a operação. Como no episódio apresentado abaixo:

> Em uma atividade de dobradura, o aluno sentou em um grupo sem a estagiária ou a pesquisadora. Ele estava com três revistas e dois livros escolhidos aleatoriamente enquanto a bibliotecária explicava qual seria a atividade. Ficou fazendo a leitura de seu jeito, batendo o dedo nas figuras, folheando, cheirando e comparando os livros, colocando um em cima do outro. [...] a professora regente e a estagiária retiraram aos poucos o livro da mesa em que o grupo estava quando iniciou a atividade de dobradura. Ofereceram as folhas para a dobradura para chamar a atenção dele para a atividade e mostraram que os outros alunos também estavam com as folhas. Seus olhos acompanhavam o que os outros estavam fazendo

> [...] as crianças do grupo diziam: 'Olha, Rafael, é assim! Para dobrar assim!' (DIÁRIO DE CAMPO, 20-09-2011).

Rafael tinha um jeito não convencional de fazer a leitura. Tocava no livro, cheirava, beijava, quando parava em uma figura já conhecida ou que chamava a sua atenção. No episódio descrito acima, destacamos o trabalho da bibliotecária, da professora regente e da estagiária que, em uma tentativa de orientar a atenção da criança, retiraram os livros que o aluno estava manuseando quando a atividade de dobradura começou. Essa era uma forma de aproximação da criança com o tema que seria trabalhado. Mostrar o que os outros alunos estavam fazendo contribuiu para ele se perceber no grupo e participar da atividade, pois, "seus olhos acompanhavam o que os outros estavam fazendo". Além da professora, notamos uma mediação fundamental das outras crianças que também auxiliavam a orientar sua atenção dizendo: "Olha, Rafael, é assim!". Essa frase, em muitos momentos, orientava o aluno com autismo na realização da atividade, ele olhava o que os colegas estavam mostrando e tentava fazer a dobradura.

A mediação pode ser observada pelas crianças e não só pelo adulto. É o outro realizando um papel fundamental no desenvolvimento de Rafael, pois, de acordo com Góes (1997, p. 9), "[...] é através do outro que o sujeito estabelece relações com objetos de conhecimento, ou seja, a elaboração cognitiva se funda na relação com o outro". Conforme Vigotski (1983), era a palavra das outras crianças ajudando o aluno a regular as próprias ações e realizar a atividade.

No episódio, observamos que as relações e interações com as outras crianças também foram determinantes no desenvolvimento da atenção voluntária, como função psíquica superior. As orientações fornecidas pelas outras crianças favoreceram alguns avanços em relação à atenção de Rafael na atividade de dobradura.

Diante do trabalho realizado, aos poucos, os outros alunos começavam a reconhecer que Rafael era capaz de aprender e que ele poderia, em alguns momentos, realizar as mesmas atividades que eles, como podemos observar no evento que aconteceu no laboratório de informática com jogos em Libras, descrito a seguir:

> A professora explicou que a aula seria com atividades em libras. Os alunos se organizaram em duplas, e uma dupla sentou-se ao lado de Rafael que estava sozinho. Como era o primeiro dia dessa atividade, eu me sentei ao seu lado. [...] o professor de Informática havia baixado vários jogos com libras no Fotolog da escola, e deixou travado na tela do computador. Rafael tentou sair e não conseguiu. A professora de Educação Especial abriu um jogo das letras do alfabeto e do alfabeto datilológico com as mãos (usado em libras). Nesta atividade aparecia a letra, e ele tinha que clicar no sinal do alfabeto datilológico. O aluno interagiu com o jogo, teve dúvidas em algumas letras, mas, em outros momentos, repetia o sinal datilológico com a sua mão logo que a letra aparecia. Olhou para o lado e viu que duas meninas estavam jogando o mesmo jogo. Elas também perceberam isso, e disseram: 'Ele consegue? Olha ele sabe fazer!'. Rafael riu parecendo ter entendido que elas estavam reconhecendo que ele era capaz de participar da atividade. Ele olhou para o computador que elas estavam jogando e riu novamente. Participou do seu modo até o final da aula, às vezes ele conseguia fazer sozinho os jogos e às vezes precisava de ajuda e, em outros momentos, abria e fechava os jogos como se estivesse procurando alguma coisa (DIÁRIO DE CAMPO, 22-11-2011).

Esse episódio, em especial, mostra Rafael participando das mesmas atividades no computador desenvolvidas pelos outros alunos. Ele realizava a leitura da letra e, em seguida, fazia o sinal correspondente à letra. A participação dele nessa aula foi essencial para que ficasse claro para as duas alunas que ele também era capaz de aprender, que podia mostrar o que sabe desde que fossem oportunizadas condições para isso. Para Rafael, foi muito importante realizar as atividades com a turma, pois isso indicava seu pertencimento ao grupo, ocupando um lugar de aluno. Seu sorriso confirmava que os conteúdos e habilidades trabalhados com a turma precisam ser ensinados a ele também! Isso poderia ser feito tanto pelo professor quanto pelos outros alunos.

Porém, ainda não estava muito claro o que precisávamos fazer e nem como, para ensinar Rafael. Em relação à leitura, tínhamos clareza da necessidade de ler para ele em cada oportunidade, uma leitura perpassada por sentidos, buscando sempre atribuir sentido à leitura que o aluno estava fazendo, conforme descrito a seguir:

> Na hora de ir embora, levei três livros para fora. Sentamos à mesa e chamei-o para ler. Ele se deitou na mesa com a cabeça perto de mim e eu coloquei o livro em sua frente para eu ler. E disse: 'Deixa eu ler o que está escrito aqui, Rafa! Você está olhando a árvore e aqui no livro também tem árvore'. E iniciei a leitura, com uma voz firme que buscava orientar sua atenção. Deslizei meu dedo nas palavras e ele seguiu a leitura com os olhos e segurando minha mão. Sua mãe chegou e disse: 'Que modo gostoso de estudar ao ar livre! É bom né, Rafa!'. Ele fez um gesto com o dedo polegar confirmando o que a mãe estava falando (DIÁRIO DE CAMPO, 27-09-2011).

No episódio apresentado, ler para Rafael envolveu tentativas de leitura, aproximações com objetos concretos observados ao seu redor, como no caso da árvore apontada. Os sinais que o aluno estava dando de que estava compreendendo a leitura foram sendo observados em seu olhar e na forma como ficou calmo e atento, ouvindo minha voz contando a história. O toque na minha mão era um indício de que estava participando da leitura, e seus olhos, por alguns instantes, encontravam as letras que eu estava lendo. "Era um modo gostoso de estudar", confirmado por seu gesto positivo com o polegar.

A atitude de Rafael nos apresenta pistas do controle da própria conduta mediada pela fala da pesquisadora (VIGOTSKI, 1993). Sua atenção para "ouvir" e "olhar" indicavam mudanças qualitativas na estruturação cognitiva, não sendo mais necessário pular páginas ou acompanhar apenas as gravuras diante da leitura no livro.

Em outro episódio, o aluno é incentivado a escolher qual história deveria ser lida no horário da saída, no pátio, e foi muito interessante a sua participação na leitura, como segue:

> No pátio a professora de Educação Especial trouxe o livro do 'Peter Pan' da Coleção Caracol e do 'Sapo', de Roberto Belli. Perguntei a ele: 'Qual livro vamos ler?'. Ele apontou o 'Peter Pan'. Li o livro seguindo o dedo nas palavras e as letras que estavam escritas e ele acompanhando meu dedo. Lemos a história toda, ele encostando-se ao meu braço ouvindo a história. Quando acabei, o aluno apontou para o outro e eu li com ele, novamente seguindo com o dedo as palavras e letras, com forte entonação. Foi o primeiro dia que lemos um livro até o final, acompanhando a sequência da escrita, da esquerda para direita e de cima para baixo (DIÁRIO DE CAMPO, 14-10-2011).

A atividade proposta consistia em escolher um livro para leitura, deixar Rafael participar dessa escolha, acompanhar a leitura, viajar nas páginas para descobrir o que viria a seguir. Por isso a entonação bem forte, no intuito de produzir uma leitura oral permeada por sentidos para a criança. Ele participou da leitura, seu corpo aguardava: "Ele encostando-se ao meu braço", ouvindo o som das palavras que compunham a história. Na leitura apresentada no episódio, temos indícios de distanciamento das imagens que estavam nos textos dos livros e pistas de que o foco estava na palavra falada da leitura oral. Esse tipo de leitura, juntamente com a escrita atribuía sentido ao texto.

Não eram todos os dias, a partir desse momento, que conseguimos ler para ele. Havia ocasiões em que ele repetia o movimento de leitura de imagens e às vezes folheava as páginas demonstrando pouco interesse nas palavras. Contudo, consideramos que o aluno passou a observar a leitura do texto escrito, percebendo as letras e acompanhando a relação entre o movimento de nossas mãos com a nossa fala. Parecia buscar atribuir sentido ao texto, a partir do investimento que era feito na relação, já que

> [...] o processo de apropriação (e de desenvolvimento) ocorre a partir da atividade da criança, necessariamente envolvendo esforços e investimentos constantes de outros sujeitos, no sentido de ensinar-lhe padrões de apreensão e inserção competentes do/no real, dentro de sua cultura (ROCHA, 2000, p. 34).

Os esforços e investimentos de outros sujeitos com a criança com autismo para as atividades que tinham a leitura como prioridade, necessariamente, passavam pelo ensino da linguagem escrita dentro da nossa cultura.

Outro evento que indica a compreensão, por parte de Rafael, na leitura de imagens, ocorreu em outubro. Como ele gostava muito de manusear os livros desde os anos iniciais de sua escolarização, entendemos que usar os livros para incentivar a leitura poderia ser uma estratégia de ensino. Assim, entre outras ações, era explorado o que chamava a atenção da criança. Então, quando ele demonstrava interesse por um livro, planejávamos outras atividades a partir das histórias ou dos personagens. Como foi o caso do Urso Pooh (Fotos, 13 a 16):

Foto 13 – Foto Livro Pooh   Foto 14 – Foto Livro Pooh

Fonte: A Autora.   Fonte: A Autora.

Foto 15 – Foto Livro Pooh   Foto 16 – Foto Livro Pooh

Fonte: A Autora.   Fonte: A Autora.

Essa atividade foi planejada pela professora de educação especial após ser relatado pela estagiária o interesse do aluno pelo Urso Poof. Rafael havia pegado três livros na sala de recursos e ficou folheando. Sentamos ao seu lado e começamos a ler os títulos dos livros e escrever com o alfabeto móvel cada título, que eram: *Uma história de pescador, O monstro da floresta, A grande aventura de Guru*, baseados na história de A. A. Milne (1999), tendo como personagem principal o Urso Poof. Ele não ligou muito, mesmo quando insistimos em mostrar as palavras principais do livro com o alfabeto móvel, na sala de recursos, conforme o relato abaixo:

> Então peguei uma folha em branco fiz três linhas e disse: 'Agora vou escrever o título desses três livros. Olha só! Me dá um primeiro'. Ele pegou 'Uma história de pescador'. Eu escrevi o título e ele acompanhou a escrita timidamente. Olhava para o título e pegou o livro para folhear. Perguntei: 'O que ele pescou? Foi peixe?'. Ele apontou o Leitão. E a resposta estava correta. Na história, o urso pesca o Leitão e uma rolha. Peguei um pedaço de papel e escrevi em fichas Leitão e rolha. Perguntei: 'Vamos ver onde estão escritas essas palavras no livro?'. Folheamos, ele segurando minha mão, até que eu apontei para ele onde estavam escritas as palavras no texto do livro. Depois que encontramos, ele pegou as fichas e ficou comparando a escrita [...] (DIÁRIO DE CAMPO, 25-10-2011).

Nesse episódio, notamos que o aluno compreende o que está sendo perguntado. Rafael leu a imagem e, com gestos, deu a resposta correta em relação à pergunta: "O que ele pescou?". Em nosso caso, a criança não tem oralidade desenvolvida, contudo utiliza-se de gestos para responder às questões. Questionamo-nos: em quais situações a criança com autismo consegue compreender o que está sendo dito? De quais recursos ela se utiliza para a compreensão da fala e das imagens?

No episódio, Rafael compreende o que está sendo dito a partir da sua interação com o outro. É capaz de fazer uma leitura das imagens com compreensão.

Para mediar a atividade, produzi fichas com um pedaço de papel e escrevi as palavras que estavam na história para ele encontrá-las no livro. Esses instrumentos, juntamente com a linguagem, foram importantes na mediação pedagógica. Podemos destacar três pontos da participação da criança na atividade: primeiro, respondeu às perguntas do adulto apontando no livro as imagens e demonstrando certo nível de regulação da própria conduta; segundo, sua atenção na realização da atividade melhorou em comparação com outros momentos; e, por último, Rafael comparou diferentes portadores de texto, o que nos fornece indícios de avanços na apropriação da linguagem escrita.

A compreensão implica a produção de sentidos. Compreender é responder a um determinado discurso (BAKHTIN, 2010b). Nas respostas que a criança fornecia, é possível perceber que ela respondia às perguntas de forma apropriada, participando da construção da atividade.

Os interesses do aluno foram considerados pelos profissionais em dois momentos: primeiro, nas escolhas dos livros para leitura; e, segundo, na produção de materiais diversificados. Rafael participava de forma mais interativa, quando eram utilizados materiais concretos, coloridos, grandes e com imagens. Essa informação ajudou os professores, a estagiária participante da pesquisa e a pesquisadora a levantarem os temas e os possíveis materiais para serem usados nas atividades pedagógicas.

Foi sugerido aos profissionais que atuavam com Rafael um investimento maior na produção de recursos materiais que pudessem mediar a relação da criança com a escrita, favorecendo situações de leitura. Tomamos como base o interesse de Rafael pela *Turma da Mônica*, para confeccionarmos recursos materiais que tinham como objetivo mediar a relação do aluno com a escrita. Os personagens principais do *Gibi* foram usados como suporte para as atividades, como: jogo da memória, dominó, fichas com frases após leitura do *Gibi* e banco de palavras (Fotos 17 e 18).

Foto 17 – Fichas Turma da Mônica

Fonte: A Autora.

Foto 18 – Fichas Turma da Mônica

Fonte: A Autora.

Rafael demonstrou entusiasmo em fazer atividades com esses materiais, repetindo os mesmos gestos observados em outros momentos, como: cheirar, beijar, bater com o dedo, virar a ficha para ver a sombra e apontar com mão da pesquisadora as figuras e as palavras para serem lidas.

A partir disso, confeccionamos um banco de palavras com nomes de animais e objetos em envelopes (Fotos 19 e 20) para mediar a relação do aluno com a leitura, conforme relato abaixo:

> O planejamento da semana anterior não havia acontecido. Sugeri usarmos as fichas que estavam previstas para o dia seguinte. A atividade seria leitura pausada de fichas dos animais que estavam dentro de envelopes, mostrando uma letra de cada vez, formando as sílabas e as palavras, por último mostrar a figura dos animais. Pegamos as fichas, Rafael olhou curioso para saber o que era aquilo e ficou puxando as fichas do envelope. Participei da atividade junto com a estagiária e pedi a ele para puxar devagar e fui lendo a palavra que aparecia. [...] ele viu todas as palavras e propus que ele identificasse as palavras que eu havia colocado na mesa (eram três fichas), ele não aceitou (DIÁRIO DE CAMPO, 18-11-2011).

Foto 19 – Banco de Palavras

Foto 20 – Ficha no envelope

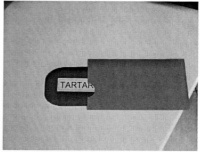

Fonte: A Autora.   Fonte: A Autora.

Rafael participou dessa atividade por um tempo maior do que o observado em outras propostas, demonstrando mais atenção ao enunciado que estávamos fazendo para a leitura das fichas, "vendo todas as fichas". As características dos recursos materiais utilizados para mediar a relação com a leitura foram: imagens coloridas, fichas com diferentes formatos e tamanhos e letras com um tamanho apropriado para leitura. Acreditamos que esses recursos não eram importantes apenas para o trabalho pedagógico com Rafael. Antes indicávamos a importância de oferecer materiais e recursos com essas mesmas características para as outras crianças também.

Participar da atividade junto com a estagiária foi uma forma de observar como ela realizava a orientação ao aluno.

> Inicialmente, deixou-o manusear as fichas sem intervenção. Quando li para ele as palavras que apareciam, busquei contribuir para que a estagiária percebesse que a participação do aluno na atividade dependia da mediação do adulto (DIÁRIO DE CAMPO, 18-11-2011).

Conforme observamos no episódio, não bastava ter o recurso, foi importante saber como utilizá-lo de forma a ampliar as possibilidades de relação da criança com a escrita, no processo de leitura.

O desenvolvimento da linguagem escrita não pode ser considerado como uma evolução estática e natural. Segundo Gontijo (2002, p. 31), "[...] o contato com a escrita, na sua forma material objetiva, não garante por si só a apropriação desse conhecimento". A participação do outro nesse processo de mediação é essencial para que a criança se aproprie da escrita. Essa é uma participação que envolve uma ação intencional e planejada por parte do outro no trabalho educativo.

Como pesquisadora inserida na pesquisa por meio da colaboração, fazendo junto em muitos momentos, procurávamos mostrar para os professores que era possível produzir sentido à leitura feita pelo aluno por meio do diálogo e que ele tinha condições de entender o que estávamos dizendo, pelas características positivas que o constituem como pessoa e não destacando suas faltas (MONTEIRO, 1998). Esse sentido não era dado pelo outro, mas se construía na relação dialógica estabelecida, conforme a atividade[4] proposta no episódio abaixo:

> Eu disse: 'Veja Rafa, tem um nome aqui! [passo o dedo em cima da palavra e leio] Cavalo. Começa com a letra C. Que animal é esse?'. Ele abriu a porta da casa montada no papel e confirmou com o som semelhante ao produzido por um cavalo quando bufa! Eu disse: 'Isso! É o cavalo e começa com a letra C. Vamos ver as outras?'. Ele tirou a ficha de trás da casa e, aparecendo outro animal, passou o dedo no nome, na letra e abre a porta para ver o que era. E eu ia mediando a atividade e ele identificando com os gestos e o som alguns animais (DIÁRIO DE CAMPO, 18-11-2011).

A família de Rafael já havia trabalhado o som dos animais e de outros objetos com ele em outro momento, conforme já anunciado no capítulo anterior. O que destaco como avanço na participação de

---

[4]Essa atividade foi construída depois da feira cultural, pois Rafael ficou acompanhando com interesse a construção da maquete do 2º ano, que foi guardada na sala de recursos. Ele olhava todos os detalhes da maquete da fazenda, principalmente os animais.

Rafael no episódio acima é a retomada que ele fez da sequência de ações: "Ele tirou a ficha de trás da casa e, aparecendo outro animal, passa o dedo no nome, na letra e abre a porta para ver o que era". Essas ações foram produzidas pela pesquisadora, repetidas pela pesquisadora com ele e depois feitas por ele sozinho.

Vigotski (2000) vê na imitação um processo dinâmico que favorece e possibilita a aprendizagem, desmitificando o aspecto mecânico ou restrito que lhe é conferido. A relevância e a importante função que a imitação ocupa no desenvolvimento e na aprendizagem estão diretamente relacionadas com as relações sociais e a organização do trabalho pedagógico do professor. A capacidade de entendimento do aluno será ampliada na medida em que houver maior intervenção do professor como mediador e organizador do processo de aprendizagem do aluno.

Conforme vimos, a busca por estratégias e atividades que contribuíssem para o desenvolvimento do aluno em relação à apropriação da leitura envolve cinco pontos fundamentais da participação do outro: propiciar a leitura das imagens; ler para ele as gravuras inicialmente e depois chamar sua atenção para o texto existente; orientar sua atenção para as atividades em curso; partir de textos nos livros de seu interesse; produzir recursos materiais que auxiliassem nas atividades desenvolvidas pelo aluno.

No seu aprendizado sobre a leitura, Rafael começa a acompanhar a fala e o gesto do outro no texto, com curiosidade por saber o que estava escrito quando ele apontava as palavras para serem lidas, seguindo com o seu dedo o caminho das letras no livro. Além disso, o sentido atribuído pelo adulto a imagens e escrita orientava o aluno na percepção de que, além das ilustrações das histórias, havia textos para serem lidos. Isso, de certa forma, contribuiu para o desenvolvimento da atenção voluntária dele e para a regulação maior da própria conduta em situações de leitura.

A apropriação da linguagem escrita por Rafael na produção da leitura como bem cultural contou com a participação do outro, pois, "[...] no momento das interações sociais e nos momentos das interlocuções, a linguagem se cria, se transforma, se constrói, como conhecimento humano" (SMOLKA, 2003, p. 45).

Conforme nos esclarece Gontijo (2007, p. 136, grifo do autor), a alfabetização é "[...] um processo complexo, pois envolve um *conjunto de processos* que precisa ser ensinado [...]" ao aluno e não raro ao professor. Os processos "[...] que se constituem nas crianças, durante a fase inicial de alfabetização, resultam das relações com as outras pessoas (adultos ou crianças) que lhes ensinam a ler e a escrever" (p. 136). Podemos perceber que o outro assumiu um papel fundamental no processo de apropriação da linguagem escrita por Rafael, por buscar orientar o aluno, chamar sua atenção, conduzi-lo nas propostas de atividades, entre outras ações

5.2.2 A Escrita

A análise dos dados aponta que o percurso de Rafael, no que tange à apropriação da linguagem escrita, teve momentos de avanços e retrocessos em um movimento não linear.

Luria (1986) propõe uma sequência para o processo de apropriação da escrita pela criança, que se refere justamente ao domínio do modo de utilização do sistema de escrita, de sua função. O autor enfatiza que, inicialmente, a criança passa por uma fase de imitação do formato da escrita e, para explicar o simbolismo na escrita, afirma ele que uma criança começa a usar o desenho quando a linguagem falada já progrediu. Durante o seu desenvolvimento, há um momento em que ela percebe que alguns traços podem representar ou significar algo, embora ainda não os perceba como um símbolo, mas como algo que contém elementos que lembram o objeto. Depois, os desenhos vão se tornando linguagem escrita, vão se tornando a representação de relações e significados individuais, vão se convertendo em sinais simbólicos. O desenho acompanha a frase, e a fala permeia o desenho, o que é essencial e decisivo para o desenvolvimento da escrita. Nesse contexto, indago sobre o caso das crianças que não verbalizam: quais seriam os percursos para a apropriação da linguagem escrita em crianças com autismo?

Geraldi (1997, p. 6) contribui para essa discussão, quando admite que "[...] os sujeitos se constituem como tais à medida que interagem com os outros, sua consciência e seu conhecimento de mundo resultam como 'produto' desse mesmo processo".

Assim, em relação ao percurso de Rafael na apropriação da escrita, busco, com a pesquisa, os indícios que compõem o desenvolvimento do aluno no que se refere ao aprendizado da linguagem escrita e ao papel que o outro desempenhou na constituição desse sujeito, de forma a contribuir para essa apropriação. Considerando a contribuição de alguns registros contidos nos relatórios arquivados na escola para essa discussão, inicialmente retomaremos alguns dados desses relatórios e, em seguida, focalizaremos passagens as ações colaborativas da observação participante.

5.2.2.1 Contribuições dos Relatórios e Entrevistas para a Compreensão do Desenvolvimento da Escrita

Dados contidos nos relatórios e em entrevistas indicam que Rafael sempre teve contato com a linguagem escrita em sua casa. Seu ambiente familiar era rico em portadores textuais como: revistas, livros, gibis, catálogo telefônico (seu favorito), entre outros. Segundo a opinião da mãe de Rafael, ele percebe a escrita desde muito pequeno:

> Desde pequeno, as letras chamavam a sua atenção. Acho engraçado que, quando o pai fazia Direito, ele deixava

os livros espalhados pelo apartamento e Rafael ficava folheando os livros e as revistas ele rasgava. Quando eu falei no CMEI que ele gostava de folhear catálogos e livros, as professora começaram a trabalhar o nome dele. [...] ele precisava de ajuda para escrever (MÃE, trecho da entrevista concedida em 23-09-2011).

Com essa fala, confirmo que a criança tinha acesso a livros e revistas antes mesmo de ser matriculada na educação infantil. Vivia em um ambiente que oportunizava a aproximação com a leitura e a escrita. Estar inserido nesse ambiente é inicialmente fundamental para a apropriação da linguagem escrita pela criança.

Na educação infantil, iniciou-se o trabalho com a identificação e escrita do seu nome. Não sabemos ao certo como foi esse processo de construção, mas temos indícios de que, mesmo com as resistências do aluno em realizar atividades de registro por meio da escrita, em alguns momentos, ele aceitava fazer o traçado de algumas letras.

Quando o aluno foi matriculado, em 2008, no primeiro ano do ensino fundamental, estava escrevendo seu nome, segundo o relatório apresentado pelo CMEI em 2007. Porém, na escola, quando era solicitado que ele escrevesse seu nome, ele não escrevia com letras, fazia quatro círculos. Fez isso, principalmente, a partir de 2009, anteriormente mal pegava no lápis. As tentativas para que ele escrevesse eram interrompidas por resistência dele e, às vezes, se insistíssemos, ele saía correndo ou se agredia.

Consideramos a mudança de espaço físico (saindo do CMEI e chegando à EMEF) como um fato que contribuiu para essa reação da criança. Tudo parecia tão grande! A sala, o pátio, os corredores, a quadra, a biblioteca, o laboratório de informática, esses espaços traziam o novo. Havia necessidade de reconhecimento do local, não só por parte de Rafael como também de outras crianças, porém esse reconhecimento demorou mais tempo do que a equipe pedagógica esperava em relação a esse aluno.

Mesmo com a organização do trabalho pedagógico em 2008, diz a pedagoga: "[...] o aluno não demonstrava o que sabia... Saiu do CMEI sabendo escrever seu nome ou algumas letras de seu nome e com a gente era só rabisco" (Entrevista realizada com em 28-11-2011).

A leitura minuciosa dos relatórios e registros que a escola arquivava levou-nos ao encontro de dados relevantes para entendermos o percurso de apropriação da escrita pelo aluno. Encontramos nos registros de 2009, atividades de colagem de letras de palavras conhecidas pelo aluno ou novas, de acordo com o que ele demonstrava interesse. Por exemplo,[5] a professora entregava uma folha com a figura da fruta "uva" e a escrita da palavra embaixo. O aluno deveria observar a palavra escrita e colar as letras de acordo com a comparação. A princípio, isso era feito com a ajuda da professora (Foto 21).

Foto 21 – Escrita Mediada pela Professora Regente

Fonte: A Autora.

---

[5] A professora regente tinha um horário com o aluno na sala em que desenvolvia atividades previamente planejadas. Nesse momento, a estagiária ficava acompanhando o restante do grupo na própria sala com atividades indicadas pela professora. As desenvolvidas com Rafael envolviam seu nome, escrita de nomes que estavam nas fichas, com recorte e colagem de letras pela professora e, posteriormente, pelo aluno.

Segundo a professora regente que desenvolvia esse trabalho, em uma avaliação de sua prática pedagógica,[6] no final de 2009, Rafael já se mostrava "[...] mais aberto para as atividades de leitura e escrita". Na avaliação do aluno do terceiro trimestre, ela esclarece que ele estava "[...] mais receptivo às atividades de escrita, já consegue escrever seu nome (ainda faltando algumas letras)". Notamos o início do retorno da escrita do nome com algumas letras, tendo avançado em relação ao primeiro trimestre, quando a professora registra que o aluno possuía "[...] certa resistência às atividades que envolvem escrita". Percebemos que a receptividade para atividades de escrita ainda estava relacionada com a colagem das letras e não com o uso do lápis.

A professora regente contava com um apoio muito importante da estagiária para colaborar com Rafael e com os outros alunos na turma. Por mais que a estagiária acompanhasse Rafael a maior parte do tempo, ela também estava envolvida na realização de outras atividades com os alunos e foi conquistado um momento de "planejamento"[7] para que ela registrasse como o aluno estava participando das propostas educativas planejadas. Sobre as atividades desenvolvidas pelo aluno em 2009, a estagiária comenta:

> A princípio o Rafael só manuseava um jogo da memória (frutas) e alguns livros de literatura infantil na sala de aula. Recusava-se o tempo todo a realizar as atividades propostas. Demonstrava rejeição aos lápis, canetas e aos cadernos. Fez-se necessário adaptar as atividades trazendo-as para o entendimento do aluno. Papel ofício e figuras coloridas, reprodução diferenciada, diversificação

---

[6] Ficha entregue a partir desse ano pela professora especializada aos professores que trabalharam com o aluno no ano letivo, visando contribuir com informações relativas ao desenvolvimento do aluno.

[7] Isso era possível pelo número de alunos por sala e turmas existentes na EMEF. Havia projetos realizados pelos professores que estavam com a carga horária excedente, como no caso da professora de educação física: inicialmente, fazia um atendimento individual ao aluno, depois, aos poucos, incluía outros alunos nessa proposta diferenciada. Consideramos essencial para o trabalho inclusivo a redução do número de alunos por sala e horários destinados para projetos de acompanhamento dos alunos pelos professores.

de material (papel cartão, E.V.A., canetinhas), ficha para leitura para pareamento, entre outras. Hoje mostra ter superado, aceitando as propostas que lhes são ofertadas (ESTAGIÁRIA, relatório, 2009).

Os dados indicam que a aceitação das atividades propostas pelo aluno foi uma construção lenta, com muita paciência, perseverança e crença dos profissionais nas possibilidades de avanço de Rafael. A estratégia principal era aproveitar os momentos em que Rafael se envolvia com alguma atividade para orientá-lo e atribuir sentido ao que ele estava fazendo.

Como nem sempre o aluno se envolvia com alguma atividade, na maioria das vezes, os profissionais precisavam "fazer para ele" o que gostariam que o aluno fizesse. Um exemplo disso foi o uso do lápis para a escrita na EMEF. Durante o ano de 2010, de forma mais sistemática, primeiro escrevíamos para o aluno ver, em um processo de colaboração. Algumas vezes ele segurava a nossa mão, acompanhando o movimento da escrita, outras vezes só via o produto final.

A mediação do adulto nesse processo é destacada por Vigotski (1983, p. 232),[8] que afirma que o desenvolvimento cultural tem sempre como ponto de partida a atuação de outras pessoas sobre a criança:

> Sabemos que a continuidade do desenvolvimento cultural da criança é a seguinte: primeiro outras pessoas atuam sobre a criança; se produz então a interação da criança com seu entorno e, finalmente, é a própria criança quem atua sobre os demais e tão somente ao final começa a atuar em relação consigo mesma. Assim é como se desenvolve a linguagem, o pensamento e todos os demais processos superiores de conduta.

---

[8] "Sabemos que la continuidad general del desarrollo cultural del niño es la siguiente: primero otras personas actúan respecto a él; se produce después la interacción del niño con su entorno y, finalmente, es el propio niño quien actúa sobre los demás y tan sólo al final empieza a actuar con relación a si mismo. Así es como se desarrolla el lenguaje, el pensamiento y todos los demás procesos superiores de la conducta" (VIGOTSKI, 1983, p. 232).

Com o passar do tempo, notamos que ele começou a participar mais dessas atividades, acompanhando com os olhos o movimento das mãos do adulto traçando as letras no papel.

Rafael ficou mais atento à atividade escrita a partir da participação dos professores. Além disso, observamos um domínio maior do próprio comportamento nas atividades de leitura e identificando-a nas atividades escritas.

Ainda no terceiro trimestre de 2010, encontramos pistas sobre a atenção do aluno em seu relatório de desenvolvimento, escrito pelas professoras de educação especial,[9] como:

- Fica mais atento quando são usados recursos coloridos e grandes. Demonstrou interesse em atividades novas e desafiadoras;
- Faz releitura de imagens, com gestos e desenhos;
- Está demonstrando interesse pela leitura e escrita;
- Melhorou seu tempo de espera quanto à orientação da atividade.

De acordo com Vigotski (2007, p. 27), "[...] com o auxílio da função indicativa das palavras, a criança começa a dominar sua atenção, criando centros estruturais novos dentro da situação percebida". Vigotski deixa claro, em seus estudos, a importância da linguagem como instrumento que constitui o pensamento, afirmando que a fala produz mudanças qualitativas na estruturação cognitiva do indivíduo, reestruturando diversas funções psicológicas, como a memória, a percepção, a atenção voluntária, a formação de conceitos etc.

Temos indícios de que o aluno avançou em sua atenção à fala do outro, no tempo de espera, na realização das atividades, principalmente quando essas atividades eram mediadas pela palavra do outro. Rafael não verbalizava. Nesse momento, a palavra do

---

[9] Neste ano, duas professoras de educação especial trabalhavam na escola dividindo a carga horária.

outro cumpria esse papel e, com isso, paulatinamente, a atenção e o controle de sua conduta ia se delineando.

Notamos que, nos anos de escolarização de Rafael, as mudanças de profissionais, como as trocas de estagiárias e professoras, inicialmente o deixavam sem referência do adulto. Esse fato exigia um trabalho pedagógico diferenciado, com tempos e espaços apropriados para a (re)adaptação do aluno ao espaço escolar.

Em 2010, mesmo sendo indicado inicialmente que era importante continuar o trabalho da professora regente mais próximo do aluno, isso só foi concretizado quando a professora aceitou atender ao aluno não sozinho, mas em um grupo pequeno de, no máximo, cinco crianças junto com ele. A equipe pedagógica organizou o horário para que a professora tivesse esse momento com "[...] o aluno e um grupo pequeno na sala regular". Esse momento era planejado antecipadamente pela professora regente e especializada em educação especial para a confecção das atividades e materiais, de acordo com registros no caderno de planejamento (09-06-2010).

Nesse grupo, a professora regente ficava na sala com Rafael e mais cinco alunos às segundas-feiras, na primeira aula, e a estagiária ficava com as outras crianças, encarregando-se do horário de contar as novidades na sala de vídeo. Segundo a opinião da professora, esses momentos precisavam ser avaliados para os anos seguintes; era necessário repensar o dia, segunda-feira, pois os alunos chegavam mais agitados e às vezes esqueciam o combinado do trabalho em grupo e entravam na sala para guardar a bolsa, isso deixava Rafael perdido. Quanto ao que era planejado, a professora sugeria usar os conteúdos trabalhados com a turma, mas de forma que ficassem interessantes para o aluno, com poucos textos e mais imagens. Rafael não sabia ler ainda, então deveriam ser usadas imagens para trabalhar os conteúdos. Por exemplo: em julho de 2010, a professora estava trabalhando com a turma sobre o ciclo da água. Nesse encontro, no grupo pequeno, o tema seria trabalhado com imagens formando o esquema do ciclo, conforme registrado no caderno de planejamento (30-07-2010) (Foto 22).

Foto 22 – Atividade: Quebra-Cabeça, Ciclo da Água

Fonte: A Autora.

No caso desse tema, entre outras, foram apresentadas as atividades de pintura e montagem de quebra-cabeça para explicação do ciclo da água no encontro com o grupo menor. Na semana seguinte, a professora retomou as principais fases do ciclo, por meio do registro escrito. O exemplo possibilita mencionar a importância de se trabalhar com o aluno a escrita contextualizada. Não se tratava apenas de atribuir sentido à escrita da criança, mas de apresentar a ela a "[...] escrita com sentido" (GONTIJO, 2008; CAGLIARI, 2009; SMOLKA, 1989).

Durante o ano, a professora conseguiu fazer com que Rafael participasse da atividade e, progressivamente, ia deixando mais complexa a realização da tarefa pelo aluno. Rafael já retoma o uso do lápis e demonstra organizar seu pensamento para fazer a atividade de pintura, quebra-cabeça e cópia das letras na palavra. Contudo, quando a atividade exigiu mais atenção para perceber que as letras que faltavam estavam acima e não ao lado, ele não conseguiu fazer essa distinção, mesmo com ajuda, o que nos leva a questionamentos sobre o desenvolvimento da percepção da criança com autismo e sua relação com a leitura e a escrita.

Para Vigotski (2007), a percepção vai sendo modificada a partir do momento em que outras funções psíquicas também vão se configurando no desenvolvimento da criança. Nesse processo, a linguagem tem um papel fundamental. Com o desenvolvimento da linguagem, a percepção da realidade vai sendo mediada pelos sentidos atribuídos a objetos, eventos e pessoas em uma dada cultura. Vigotski (2007, p. 24) cita como exemplo um relógio, pois, "[...] não vemos simplesmente algo redondo e preto com dois ponteiros; vemos um relógio e podemos distinguir um ponteiro do outro". Isso acontece porque alguém disse algum dia que esse objeto era um relógio e apontou sua função em um dado contexto histórico e cultural. O relógio revela uma das formas como o homem foi se relacionando com o tempo no transcorrer de sua história. Quando olhamos para um relógio, nós o percebemos como um todo, atravessado pelos sentidos que a cultura lhe confere.

A palavra orienta as formas de olhar e perceber os objetos. A apropriação da linguagem por Rafael sugere caminhos diferenciados, interferindo na própria percepção de letras, de palavras e dos portadores de textos em que essa escrita aparece.

Considero que a linguagem escrita não ocorre de forma mecânica somente com o aprendizado de letras e sons. Segundo Vigotski (2000, p.184), o desenvolvimento da linguagem escrita "[...] é na realidade, o resultado de um longo desenvolvimento das funções superiores do comportamento infantil". Cada criança aprende de uma forma única, de seu modo, em seu tempo, conforme as suas experiências vividas no contexto cultural em que se encontra.

O percurso de Rafael mostrou-se assim: ora os registros indicavam que ele era capaz de realizar determinadas atividades e em outras situações ele não realizava. Consideramos que isso ocorria não pela falta de interesse da criança. Na maioria das vezes, ele não sabia o que fazer. Havia momentos em que ele realizava atividades com ajuda, como no caso das colagens das letras de acordo com a comparação com a palavra escrita. Com o tempo e com o trabalho pedagógico realizado, sua escrita deixou de ser unicamente com colagem de letras, e ele passou a usar o lápis para registrar no papel, porém ainda seguindo a comparação com a palavra escrita pela professora.

Para avançar na reflexão sobre o desenvolvimento da leitura e da escrita de Rafael, além da análise de registros escritos no transcorrer dos anos de sua escolarização, também foi muito importante o movimento de colaboração, no ano de 2011.

Nesse movimento, sobressai o trabalho pedagógico realizado em diferentes espaços; o envolvimento dos professores em momentos de formação e planejamentos sistematizados, em grupo ou individual e as decisões discutidas no grupo. Esse foi o momento de maior contribuição do estudo, o qual relataremos no próximo subitem.

5.2.2.2 Contribuições das Ações Colaborativas para a Compreensão do Desenvolvimento da Escrita

Neste momento, vamos enfocar especialmente os movimentos da pesquisa na busca pela compreensão da apropriação da escrita pelo aluno com autismo. Trataremos de nossa participação em algumas atividades realizadas com Rafael e também com aqueles diretamente envolvidos em seu processo de ensino e aprendizagem na escola.

Em agosto de 2011, constatamos que Rafael já demonstrava interesse pela leitura, principalmente de imagens, porém sua escrita ainda era, em sua maioria, cópias com uma construção pouco dialogada.

Entendemos que as ações colaborativas contribuíram para a compreensão da alfabetização de Rafael, na medida em que favoreceu a problematização e a reflexão, junto com profissionais, de algumas formas de intervenção nas atividades com a criança e seus efeitos em seu desenvolvimento e buscou algumas alternativas de intervenção mais propícias à apropriação da leitura e da escrita por parte de Rafael.

> Sabemos que a aprendizagem da linguagem escrita na escola marca o início de um novo processo, em que a maioria das tarefas realizadas pelas crianças passa a exigir o uso do sistema de escrita. Assim, as atividades propostas às crianças, durante a alfabetização, trazem para elas o desafio de lidar com uma das mais importantes produções simbólicas: a escrita (GONTIJO, 2001, p. 47).

Como a escrita é uma das mais importantes produções simbólicas, não importa qual o comprometimento do sujeito, a escola deve oportunizar o ensino dessa produção, pois é na escola que, durante a alfabetização, a aprendizagem da linguagem escrita vai tomando forma. Por isso na pesquisa, durante os planejamentos ou na observação participante, discutíamos que o ensino da linguagem escrita envolve a mediação do outro, e que a fala assume um papel fundamental, conforme o episódio descrito abaixo (Fotos 23 a 25):

No primeiro dia da pesquisa, o aluno chegou à sala de recursos e viu uma caixa com atividades (matriz) e ficou folheando. Chamo-o para me dar um abraço... e ele não veio, continuou próximo à caixa. Falei: 'Oi Rafa!' E nada... Levantei-me da cadeira em que estava sentada e fui até ele e disse: 'Olha para mim!'. Ele olhou. 'Me dá um abraço!'. Ele deu. Eu disse: 'Estou morrendo de saudade de você! Tenho um presente para você, é um livro, 'Bibi brinca com meninos' para lermos juntos'. Ele olhou, folheou e quis pegar outro livro no espaço para leitura da sala de recursos, mesmo eu chamando a sua atenção para as gravuras do livro que eu havia dado para ele. Disse: 'Você quer ler outro? Qual?' Ele pegou o livro 'A Bela e a Fera'. Continuei tentando chamar a atenção para o que eu havia trazido, mas foi em vão! Pedi para ele colocar o que ele escolheu em cima da mesa para lermos juntos. Ele, sentado ao meu lado, apontou o cavalo, o chapéu, o fogo, o homem chorando (Rafael fez o gesto do choro com o dedo nos olhos deslizando pelo rosto), as flores, e eu, com o intuito de significar as imagens que ele estava mostrando, repetia o nome de tudo que o seu dedo tocava. Chamei-o para desenhar no quadro o fogo, pois ele voltou três vezes na imagem do fogo. Ele olhou para o quadro, eu peguei uma caneta e comecei a desenhar no quadro e Rafael ficou olhando. Eu disse: 'Olha desenhei o fogo! Agora vou escrever o nome FOGO'. Pedi para ele desenhar o fogo e ele não quis. Continuou folheando. Parou na flor. Perguntei: 'Quantas flores tem?'. E a professora Mara contou com ele, um, dois, três e mostrou três dedos para ele. 'Vou desenhar uma flor no quadro' — eu falei — e desenhei apenas as pétalas. Quando menos esperava, ele pegou a caneta e desenhou o caule, a terra e as raízes, lembrando de uma atividade que tinha sido trabalhada com a estagiária nas semanas anteriores. Eu disse: 'Que legal, vamos escrever FLOR?'. Ele me deu a caneta e eu escrevi flor no quadro e ele depois copiou (DIÁRIO DE CAMPO 25-08-2011).

Foto 23 – Desenho da Figura

Fonte: A Autora.

Foto 24 – Escrita da Palavra Flor

Fonte: A Autora.

Foto 25 – Caderno com Atividade Realizada com Auxílio da Estagiária

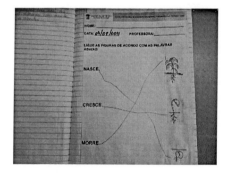

Fonte: A Autora.

Esse episódio retrata, no processo de mediação, o papel da linguagem da pesquisadora na orientação e organização das ações da criança com autismo. A fala constante é uma tentativa de manter a interlocução e, ao mesmo tempo, atribuir sentido às ações de Rafael. Geraldi (1997) diz que a fala se reorganiza de acordo com os objetivos pretendidos e que pode levar um sujeito a representar de modo distinto uma mesma realidade.

> Dado que a fala se realiza entre os homens, as ações que com ela praticamos incidem sempre *sobre o outro*, pois

através delas representamos, e apresentamos a nossos interlocutores uma certa construção da realidade, para com isso interferirmos sobre seus julgamentos, opiniões, preferências (GERALDI, 1997, p. 27).

Podemos notar uma construção da interação a partir da fala, pois, no primeiro momento, chamamos, falamos com ele, solicitamos um abraço, oferecemos um livro de presente na busca de estabelecer um diálogo, um início do processo interativo com ele. Rafael não se interessou pelo livro e insistimos, falando com ele sobre o livro, "em vão". Diante dessa resistência do aluno, atribuímos outro sentido a ela, perguntando: "Você quer ler outro? Qual?", dando oportunidade para ele manifestar seus desejos. O aluno pega o livro *A Bela e a Fera* e, mesmo com a nossa insistência, não aceita ver o livro que levamos. Então consideramos o desejo do aluno e começamos a ver com ele o livro que ele escolheu.

Ao ver esse livro, o aluno apontou imagens e interpretamos que ele gostaria de ouvir a nossa leitura do livro. O aluno voltava em algumas imagens apresentando indícios do que o interessava e, em resposta, além de falar o que ele apontava, exploramos a atividade com a utilização do desenho da inicial da palavra flor no quadro e a escrita da palavra flor, tentando compartilhar a produção com ele.

O episódio também nos ajuda a compreender a importância da interlocução, "[...] entendida como espaço de produção de linguagem e de constituição do sujeito" (GERALDI, 1997, p. 5). Os desejos de Rafael eram interpretados e oralizados na interlocução que foi estabelecida naquele momento em que havia a insistência e o olhar indiciário, buscando respostas ao que o aluno estava indicando querer realizar. Entretanto, não era só fazer o que ele queria, havia uma aposta no envolvimento e participação do aluno diante do que foi planejado, o que levou a que ele fosse chamado para desenhar e escrever no quadro o que estava apontando no livro.

Notamos que a atividade foi perpassada por um sentido para o aluno que não só reproduziu o que lhe era solicitado, pois Rafael lembrou-se da atividade que foi realizada dias anteriores. Além de imitar a escrita, ele completou o desenho da flor sabendo o que estava fazendo. Ele demonstrou que se recordava dos conteúdos trabalhados como "em pedaços", como um quebra-cabeça em que construía a imagem montando as peças aos poucos e com cuidado.

Como já foi apontado, Vigotski (2007) ressalta que o processo de desenvolvimento das funções psicológicas superiores não ocorre de forma individual e passiva, e sim em uma ação interativa, em que o sujeito necessita se apropriar dos significados disponibilizados nas/pelas relações sociais.

A função organizadora da linguagem emerge, segundo Vigotski, na relação entre a fala e a ação, no momento em que as duas se entrecruzam, no desenvolvimento infantil:

> Uma vez que as crianças aprendem a usar efetivamente a função planejadora de sua linguagem, o seu campo psicológico muda radicalmente. Uma visão do futuro é, agora, parte integrante de suas abordagens ao ambiente imediato [...]. Assim, com a ajuda da fala, as crianças adquirem a capacidade de ser tanto sujeito como objeto de seu próprio comportamento (VIGOTSKI, 2007, p. 29-31).

Nesse sentido, o trabalho pedagógico, por meio da mediação, contribuiu para o processo de internalização da linguagem por Rafael e a configuração de sua função planejadora. Rafael não verbalizava, mas compreendia parte do que lhe era dito. Era, então, necessário auxiliá-lo verbalizando para ele, fornecendo informações e instruções claras por meio da palavra oral. O impacto dessas ações pode ser observado em alguns momentos de estruturação e organização do seu pensamento. A fala externa orienta a ação da criança. A linguagem mantém as situações interativas, possibilitando a ele se manifestar e avançar na organização do próprio pensamento.

A palavra do outro permite também significar a ação da criança no aprendizado da linguagem escrita. Retomaremos um episódio já mencionado no subtópico de leitura para exemplificar o papel da palavra na atribuição de sentido à escrita do aluno:

> Estávamos na sala de recursos no último horário, tempo em que a professora de Educação Especial ficava com o aluno. Enquanto ela estava arrumando a sala, ele pegou alguns livros na estante para ficar folheando. Eu disse: 'Vamos ler os livros? Escolhe um'. Ele pegou vários, olhando a capa de cada um, sentou-se à mesa redonda com o livro na mão. Sentei-me ao seu lado e disse: 'A faxina na natureza? Que legal!'. Ele passou folha por folha fazendo leitura de imagens. Enquanto isso fui, pegar folhas no armário. 'Desenha o que você está vendo' eu disse. Ele desenhou a nuvem, a chuva e o Sol. Fez gesto com as mãos sobre o que estava desenhando. Eu disse: 'Escreve 'nuvem' no desenho'. Ele não escreveu, empurrou o lápis para mim que interpretei como um pedido dele de 'Escreva para mim'. Falei: 'Então eu vou escrever, NUVEM. Agora escreve o nome SOL e apontei no desenho'. Ele copiou NUVEM. 'Você copiou NUVEM. Para escrever SOL você precisa de outras letras S-O-L (DIÁRIO DE CAMPO 02-09-2011).

Segundo Bakhtin (2010b, p. 127), o diálogo é uma das mais importantes formas de interação verbal, "[...] pode-se compreender a palavra 'diálogo' num sentido mais amplo, isto é, não apenas como a comunicação em voz alta, de pessoas colocadas face a face, mas toda comunicação verbal, de qualquer tipo que seja". Assim, apesar de Rafael não utilizar a linguagem verbal, entendemos que há certo tipo de diálogo nas interações estabelecidas com ele e, diante disso, a produção de sentidos sobre a escola e sobre o trabalho que realizamos com ele e sobre a própria escrita.

O diálogo se inicia ao perguntar-lhe: "Vamos ler os livros? Escolhe um". Ele nos deu pista de compartilhar esse sentido, quando escolhe o livro que queria e começou a passar folha por folha fazendo leitura de imagem. Novamente, os indícios se delineiam, quando lhe foi solicitado que desenhasse o que estava vendo. E ele desenhou as nuvens, a chuva e o sol que estavam no livro.

O fato de o aluno empurrar o lápis em nossa direção, quando foi solicitado a escrever, foi interpretado como um desejo de que escrevêssemos para ele. Esse sentido foi atribuído com a fala: "Então eu vou escrever". Foi mantida a interação com Rafael durante todo o evento apresentado, a partir da interlocução. Cada ação do aluno transformávamos em linguagem, interpretando seus desejos, orientando suas ações, propiciando condições para a apropriação de conhecimentos sobre a escrita, ora lendo e escrevendo para ele, ora solicitando que ele desenhasse, escrevesse e copiasse a palavra que ele escreveu.[10]

Nesse sentido, é necessário reforçar a importância do trabalho pedagógico do adulto, coordenando as intenções e desejos da criança com os objetivos do trabalho educativo, buscando envolver o aluno no processo.

No processo de alfabetização da criança com autismo, a palavra do outro possibilita, ainda, atuar sobre o próprio desejo da criança de avançar no aprendizado da linguagem escrita, conforme indica o episódio a seguir:

> Ele pegou o livro 'O monstro da floresta' para folhear. Eu o chamei para lermos e escrevermos o título. Não olhou para mim e continuou manuseando o livro. Então eu peguei um pedaço de papel, dobrei a sua base e falei: 'Rafa, a floresta é cheia de árvores. Vou desenhar árvores

---

[10] "[...] é preciso que o professor fique atento para que as ações sobre os objetos não se esgotem em si mesmas, não se reduzam a mero treino de habilidades perceptivo-motoras. Nessa perspectiva, colocar o aluno como sujeito do processo implica conhecer as suas necessidades, sua volição (seu desejo) e coordenar as intenções deste com as de quem intervém, tendo sempre em mente que o objetivo é promover o desenvolvimento cognitivo do aluno. Tendo isso em mente, será mais fácil estabelecer os meios ou instrumentos para realizar a ação planejada" (COSTA, 2007, p. 87).

nessa folha de papel'. Desenhei com canetinhas. Peguei outro papel dobrado e perguntei: 'Você sabe como se escreve árvore?'. Ele ficou olhando para o livro enquanto eu falava e continuou folheando batendo o dedo em algumas figuras. Enquanto isso, escrevi a palavra árvore em outro papel, recortei as letras e chamei-o para colar: 'Árvore começa com que letra?'. Espalhei as letras na sua frente. Ele continuou olhando o livro. 'Veja, Rafa, desenhei as árvores, mas como escrevemos árvore?'. Ele continuou com o livro, não respondendo aos meus apelos... 'A primeira letra é o A, onde está essa letra? Pegue para mim...'. Ele não pegou. Então eu disse: 'Me ajude a escrever colando, pegue a letra A'. Ele pegou o R. Pedi: 'Olha para as letras, esse é o A?'. Ele reclamou fazendo um som como de choro e pegou o A. Eu comemorei com palmas e disse: 'Isso pode colar aqui na ficha, vamos construir a palavra!'. A estagiária estava cortando a fita durex para ele colar (essa atividade era muito apreciada pelo aluno). Eu peguei a primeira fita e colei a letra A para ele ver como era. Agora qual é a letra R? Ele pegou o V. Eu chamo a sua atenção para o som da letra: 'Escuta o som...' (DIÁRIO DE CAMPO 25-10-2011).

Nesse episódio, destacamos como importante o trabalho mediador do adulto conduzindo a atenção da criança, sendo o seu "desejo" e a sua "vontade" (VIGOTSKI, 1997) no processo de alfabetização. A pesquisadora mantém a interlocução com a criança o tempo todo, mostrando para ela o que gostaria que fizesse utilizando recursos (folhas e canetinhas), explicando o que irão construir e fornecendo instruções passo a passo para a criança. De acordo com Gontijo (2009, p. 12),

> [...] é fundamental que a relação das crianças com a linguagem escrita seja mediada por nós, professores. Desse modo, cada suporte que comporta textos ou escritas não pode ser apenas inseridos na sala de aula. Precisamos conversar, explicar, ensinar para as crianças aquilo que sabemos e podemos fazer com eles.

Por meio dos indícios apresentados pela criança, houve uma interpretação do percurso de seu pensamento. Mesmo diante da recusa de realizar a atividade, novas estratégias eram utilizadas para orientar seu desejo e atenção. Era explicado e ensinado para a criança como poderia construir a palavra "árvore" a partir da floresta que estava desenhada no livro.

Conduzir o aluno na realização da atividade envolveu ler o título, fazer o desenho, escrever a palavra, convocando a sua participação. Assim, no trabalho pedagógico, o professor, em sua relação com a criança com autismo, pode auxiliá-la a realizar atividades que ela ainda não faz sozinha, investindo para que, futuramente, ela possa vir a realizá-las sem ajuda.

Nessa atividade, percebemos que Rafael interpretou corretamente as imagens e respondeu apontando o que lhe era solicitado. Demonstrava compreender parte do que lhe era perguntado na construção da palavra. Ele foi orientado a reconhecer as letras e explorar as imagens e o texto por meio do registro escrito. Nesse caso, o adulto foi conduzindo o pensamento da criança que resistia em demonstrar o que sabia e a participar inicialmente da atividade.

Baptista (2006, p. 93) sugere que o professor

> [...] que não é capaz de flexibilizar objetivos e planejar com certo nível de individualização não consegue trabalhar com as classes heterogêneas que historicamente constituíram o campo de atuação da educação escolar.

Em alguns momentos, percebíamos que Rafael precisava dessa individualização, da flexibilização dos objetivos, sem, contudo, perder a nossa ação central, que era ensinar. Isso envolvia seguir um planejamento flexível, que incluía explorar os interesses e necessidades do aluno em alguns momentos a partir de pistas que ele nos dava.

Assim, com o objetivo maior de propiciar condições para que Rafael ampliasse seus conhecimentos sobre os usos e funções da escrita, realizamos a construção de um cartaz do seu aniversário. Esse foi um planejamento coletivo (professora de educação especial, estagiária e pesquisadora). Havíamos separado alguns cartões da *Turma da Mônica* com mensagens de aniversário, imagens e escrita. O aluno escolheu os que mais lhe chamaram a atenção e construiu com os cartões o seu próprio cartão, na sala regular. Essa atividade foi conduzida pela estagiária e a pesquisadora. Depois de colar os cartões escolhidos pelo aluno, lemos cada um e ele apontou as palavras que solicitávamos.

> Pedi para ele apontar no cartão onde estava o bolo. Rafael apontou o bolo. Quando pedi para ele apontar onde estava escrito bolo, o aluno ficou olhando para o cartão e novamente apontou a figura. Então falei: 'Eu disse escrito! Com letras'. Ele continuou olhando para o cartão. Então frisei: 'Precisamos do B-O-L-O para escrever bolo'. Novamente olhou para o cartão... 'Vou te ajudar!'. Eu disse: "Olha, está aqui... está escrito bolo!'. Passei o dedo em cima da palavra escrita e ele passou o dedo dele quando terminei. Chamei a atenção dele para os detalhes da gravura mostrando, as velas, os pássaros, a Magali colocando o dedo no bolo e perguntei: 'Onde mesmo está escrito bolo?'. Ele apontou a palavra e depois a figura. 'Muito bem!'. Eu disse e perguntei: 'Agora vamos escrever as palavras principais dos cartões: BOLO, VELA, BOLA?'. Escrevi em uma folha e ele acompanhou a escrita com os olhos e segurando minha mão. Recortei e ele pegou a cola para colar e esperou eu dizer: 'Pode colar!' (em algumas atividades ele aguardava para iniciar a colagem). Colou as palavras e ficou passando o dedo em cima da esquerda para direita como se estivesse lendo (DIÁRIO DE CAMPO 28-10-2011).

Neste episódio, trazemos o uso da escrita para a construção do cartão de aniversário do aluno considerando a escrita como função comunicativa daquela data. Além de mostrar as letras que seriam usadas para escrever determinadas palavras, buscávamos contextualizar, a partir das imagens e das frases, as palavras principais. Esse movimento orientava o aluno para acompanhar o processo de construção da escrita. Rafael participou de todo o processo: escolheu as imagens que seriam usadas no cartão, acompanhou a leitura das frases e identificou algumas palavras; acompanhou a escrita das palavras principais; seguiu com o seu dedo nas palavras escritas. Esses foram avanços importantes observados no desenvolvimento da criança em relação à linguagem escrita.

Na produção do cartão, o aluno também teve contato com letras escritas com formas gráficas diferentes e em formato maiúsculo e minúsculo.[11]

Na situação, a soletração orientando o aluno para encontrar onde estava escrita a palavra "bolo" pode ser entendida com um ato de apontar e nomear, como um "[...] instrumento necessário e convencional para se dizer as coisas por escrito" (SMOLKA, 2003, p. 43). O adulto apontava e nomeava as letras conduzindo a criança para a escrita convencional da palavra, acompanhava com o dedo a leitura das palavras, mostrando para o aluno que escrevemos da esquerda para a direita e de cima para baixo. Notamos que, no final do episódio, Rafael deu indícios de que entendeu essa explicação. Tenho clareza de que, além de compreender a forma convencional da escrita, "[...] precisamos ensinar ainda que a direção da escrita se altera de acordo com o gênero textual" (GONTIJO, 2009, p. 37), contudo o nosso estudo não conseguiu avançar nesse sentido.

Rafael, nos momentos finais da observação participante, dava-nos indícios de que havia aprendido a forma convencional da escrita de seu nome. Tivemos essa confirmação no dia em que

---

[11] Parece-nos importante conhecer as letras, pois, são "[...] unidades do alfabeto que representam os sons vocálicos e consonantais que constituem as palavras. Variam de forma gráfica e no valor funcional [...]. É importante aprender a distinguir as letras entre si e com relação a outros sinais e marcas da escrita" (CAGLIARI 1998, p. 121).

participou da visita à exposição sobre satélites, já mencionada no capítulo anterior:

> A professora Mara pediu aos alunos que escrevessem seus nomes no livro de visitantes da exposição. Os alunos estavam na fila para registrarem os seus nomes, e Rafael entrou na fila também. Às vezes, ele saía da fila e se dirigia para a mesa para ver o que os outros estavam fazendo. A professora pediu para que os alunos o deixassem escrever logo o nome dele (parecia estar com medo dele desistir de escrever o seu nome). Então ele segurou a caneta, escreveu RAFAEL sem faltar nenhuma letra. A professora pediu para ele completar com o sobrenome, ele não escreveu, entregou a caneta para o próximo da fila. Voltou outras vezes para ver a lista de nomes (DIÁRIO DE CAMPO, 29-11-2011).

O que destacamos de essencial nesse episódio foi o uso e função da escrita pelo aluno a partir do momento em que escreve seu nome no livro de visitante da exposição, compartilhando o mesmo sentido do grupo de ir e registrar o seu nome no livro. O aluno "escreveu RAFAEL sem faltar nenhuma letra", reconhecendo sua identidade, mesmo sem completar com o sobrenome, que começou a ser efetivamente trabalhado na escola em 2011.

Em relação à escrita, os dados apontam que havia uma necessidade de ensinar a criança "[...] a linguagem escrita e não apenas a escrita de letras" (LURIA, 2007, p. 145). Ensinar a criança com autismo a escrever envolveu considerar a escrita como "[...] uma produção social, uma prática social e a sua apropriação possibilita a inserção da criança no mundo a cultura escrita" (GONTIJO, 2007, p. 147).

Nossas incertezas, de certo modo, nos levaram a buscar alternativas que não sabemos se eram as mais apropriadas, no entanto, eram as possíveis. O que nos motivava era a vontade de favorecer o contato do aluno com a linguagem escrita em seus usos e funções, para que ele pudesse se expressar a partir dessa linguagem em um sentido mais amplo, que não envolve somente o uso das letras e palavras.

A participação de Rafael nas atividades, em alguns momentos, precisava da intervenção do adulto, incentivando, orientando e indicando o que deveria ser feito, mas, em outros momentos, era possível perceber uma participação mais espontânea, conforme o episódio a seguir:

> O aluno pegou uma atividade que estava em cima da mesa em branco que já havia feito em outro momento e arriscou a escrever os nomes dos animais solicitados no exercício. Sem a orientação do adulto, começou a escrever:
>
> Ao lado da figura peixe escreveu NOME,
>
> na figura arara escreveu ERRIEEE,
>
> e na figura porco usou as letras ERIEEE e
>
> no cabeçalho escreveu RAFAEL. Onde era para escrever a data ele repetiu DATA, e onde era para escrever o nome da professora escreveu PROFESSORA (DIÁRIO DE CAMPO, 27-10-2011).

No episódio, destacamos a iniciativa da criança em realizar a atividade. Foi capaz de escrever espontaneamente, e sem ajuda, RAFAEL, no local apropriado para isso, além de escrever nos espaços destinados para a data e a professora, preenchendo o cabeçalho, que é uma prática instituída na escola para todos os alunos. Observamos também que o aluno produziu um registro gráfico, utilizando letras, na tentativa de escrever palavras diante das figuras.

Segundo Moraes e Sampaio (2011, p. 161), as crianças aprendem sobre a língua escrita utilizando estratégias, pois elas "[...] elaboram hipóteses, testam, comprovam ou descartam as hipóteses elaboradas". Reconhecíamos que precisávamos deixar Rafael construir suas elaborações, suas hipóteses para entender os conceitos discutidos na sala. A partir das observações e da análise dos indícios do envolvimento e participação de Rafael nas atividades de escrita, íamos construindo um modo de realizar o trabalho educativo para e com ele.

O episódio apresentado indica que o aluno começa a se arriscar mais nas atividades de escrita. Na situação apresentada, ele fez a atividade espontaneamente e sem ajuda. Dá indício de apropriação cultural de como fazer uma atividade quando escreve o seu nome no cabeçalho e tenta preenchê-lo com cópias e hipóteses próprias de escrita.

Após escrever seu nome corretamente e no lugar apropriado, ele copia as palavras que estavam próximas aos espaços destinados para a escrita: *onde era para escrever a data, ele repetiu DATA, e onde era para escrever o nome da professora escreveu PROFESSORA*. Em seguida, abaixo, estavam as figuras e o espaço para escrever à sua frente. Ele copia NOME na frente da figura do peixe. Na sequência, o aluno arrisca escrever sem modelo: *na figura arara, escreveu ERRIEEE*.

Lembrando-se de outras situações vivenciadas, ele elabora hipóteses espontâneas de escrita, ora utilizando letras aleatórias, como quando escreve *ERRIEEE e ERIEEE*, ora recordando uma prática instituída – quando escreve RAFAEL no campo "nome" e copia "DATA:" e "PROFESSORA:"

O que leva Rafael ora a copiar, ora a grafar corretamente o nome mesmo sem saber decodificar, e ora a produzir escrita espontânea? O que nos intriga mais é a escrita *ERRIEEE*, para arara, uma escrita efetivamente espontânea, sem, entretanto, apresentar correspondência com a pauta sonora da linguagem verbal, a não ser pela letra "R". Conseguiria Rafael estabelecer algum tipo de relação entre sons e letras? Essas são questões que não tivemos condições de tratar, considerando o tempo destinado à pesquisa.

O percurso de Rafael, em relação à apropriação da leitura, envolveu avanços na percepção das imagens observadas nos livros e em outros locais. Ele desenvolveu sua atenção ao ouvir a leitura realizada pelo outro, principalmente quando a leitura era de livros ou textos de seu interesse. Além disso, os dados indicam que Rafael fazia uma leitura compreensiva das imagens. O outro desempenhou um papel essencial nesse processo, pois ler para ele as gravuras inicialmente e depois chamar a sua atenção para o texto existente ajudou o aluno a perceber as palavras existentes nos textos e a orientar sua atenção para as atividades em curso. No seu aprendizado sobre a leitura, Rafael começa a acompanhar a fala e o gesto do outro no texto, começa a ficar curioso em saber o que estava escrito, apontando palavras para serem lidas.

Em relação à apropriação da escrita, destacamos que Rafael mal pegava no lápis, quando chegou à EMEF, em 2008. Seu envolvimento nas atividades de escrita foi se (re)estabelecendo aos poucos. Em relação à "pré-história da escrita" da criança, encontramos nos registros o uso dos gestos imitativos e espontâneos e a construção do desenho representando o objeto e a fala. Por exemplo, quando desenhou o sol. Não encontrados registros de eventos envolvendo a brincadeira de faz de conta.

No que se refere à escrita alfabética, a princípio, encontramos uma escrita imitativa, com colagem das letras. A intervenção dos profissionais e da pesquisadora ajudou a criança na percepção da escrita das palavras e, aos poucos, foi produzindo sentido à escrita do aluno, pelo desenho, e depois utilizando letras. Rafael, por fim, parece ter compreendido que usamos letras para escrever o nome das coisas e para nos comunicarmos com os outros: foi capaz de escrever seu nome em locais apropriados e sem intervenção do outro. Não foi possível identificar se ele compreendia a função da escrita de registro e auxílio à memória, mas suas produções, em diferentes momentos, indicam avanços no desenvolvimento da leitura e da escrita.

Conforme já mencionado, o desenvolvimento da escrita mostrou-se não linear: às vezes ele demonstrava diferenciar desenho de escrita e, às vezes, não, quando indagado sobre isso. Foi fundamental a palavra do outro auxiliando na organização do pensamento, no desenvolvimento da atenção e da percepção, na configuração do desejo de aprender de Rafael.

Temos indícios de que o percurso de Rafael em relação à escrita está se constituindo a partir dos sentidos que são atribuídos às atividades e com base na interação com o outro, uma mediação pedagógica que acredita no potencial da criança e valoriza cada um de seus avanços no seu desenvolvimento. Para isso, estar atento às pistas que o aluno ia dando sobre o seu conhecimento, ter essas observações como base para o planejamento (coletivo e individual) e utilizar recursos com materiais diversificados foi fundamental.

ANTES DE CONCLUIR

Sabemos que as considerações finais precisam compor o texto deste livro, como um trabalho que chega ao fim por seus prazos e expectativas. No entanto, preparei este capítulo não com reflexões conclusivas, mas com aspectos que foram observados, discutidos, vividos e compartilhados por todos os participantes do estudo e, em especial, por Rafael, criança incrível com quem aprendi a me comunicar, a escutá-lo sem palavras, pelo seu olhar, toque, choro, gesto... e ele aprendeu a como nos ensinar essas coisas.

Neste livro, optei por considerar as contribuições dos estudos sobre o desenvolvimento e aprendizado a partir da cultura, reconhecendo a importância do convívio social para o ser humano, com uma história própria, constituindo uma cultura e sendo constituído por ela.

A discussão sobre o local mais adequado para a escolarização da criança com autismo tem considerado as peculiaridades desse transtorno. Estamos do lado dos que defendem a escola comum como fundamental para o desenvolvimento dessas crianças, um lugar que oferece oportunidades para que sejam crianças e aprendam sobre a nossa cultura.

Vasques (2008) sinaliza para a impossibilidade de se determinar procedimentos e propostas educacionais gerais e padronizados que contemplem a todos. Assim, ao longo do nosso estudo, foi possível perceber os vaivéns que envolvem a escolarização do aluno com autismo. Pensar a educação, no que diz respeito a esses alunos, não é uma tarefa simples, pois compreende as sutilezas da subjetividade humana.

Essa mesma autora indica que é preciso superar a concepção da escola como lugar voltado somente para a socialização e adaptação das atividades com o acesso ao currículo. As pesquisas pautadas na educação inclusiva indicam "[...] a necessidade da construção de espaços colaborativos; refletir sobre o ensinar/aprender desses sujeitos e sobre os saberes/fazeres implicados nesse complexo e multideterminado processo" (VASQUES, 2008, p.9).

Quanto à apropriação da leitura e da escrita, percebo que esse é objeto de estudo de muitas pesquisas, porém, em relação aos alunos com autismo, ainda não encontramos pesquisas que discutam seu percurso na apropriação da linguagem escrita no espaço escolar, principalmente à luz da abordagem histórico-cultural.

Nesse sentido, entendo, como Gontijo (2005, p. 48), que a alfabetização não deve se restringir apenas à compreensão "[...] das relações entre fonemas e grafemas e de passagem/recriação do discurso oral em discurso escrito e vice-versa [...]", mas deve também ser entendida como um processo de produção de sentido, em que a linguagem escrita é encarada como um meio de interação com o outro, ou seja, é necessário que a criança entenda para quem escreve, o que escreve e por que escreve. Dessa forma, conforme sugere a autora, o ler e o escrever passam a ser compreendidos como um processo dialógico. Portanto, defendemos, conforme Gontijo (2005, p. 66), que um conceito de alfabetização precisa ser suficientemente aberto para abranger

> [...] as diferentes práticas de produção de textos orais e escritos e as diferentes possibilidades de leitura produzidas e reproduzidas pelos diversos grupos sociais e a dimensão linguística da alfabetização. Nesse sentido, alfabetização deve ser vista como prática sociocultural em que se desenvolvem as capacidades de produção de textos orais e escritos, de leitura e compreensão das relações entre sons e letras.

Tomamos os princípios do paradigma indiciário como base para a análise dos documentos e dos eventos observados, considerando os indícios, os pormenores aparentemente negligenciáveis, as sutilezas não formalizáveis, as diferenças nas semelhanças, a decifração de signos, a cautela de ler nas pistas mudas os dados marginais (GINZBURG, 1989).

De modo geral, nossos procedimentos de análise permitem considerar três pontos importantes para entendermos como estava organizado o contexto da escolarização de Rafael, o que, de certa forma, nos ajudou a analisar seu percurso de apropriação da linguagem escrita.

Primeiro, as **mediações pedagógicas** (por meio da linguagem e do outro) possibilitam o processo de ensino e aprendizagem na sala de aula regular e em outros espaços do ensino formal, reconhecendo o potencial da criança. A interação observada nos diferentes anos de escolarização de Rafael, entre professor e aluno, aluno e aluno e professor e alunos, foi muito importante para que ele se percebesse no grupo e parte dele. Professoras, estagiária e aluno se comunicavam, inicialmente, com certas restrições, mas de uma forma que abria espaços para a atuação coletiva na zona de desenvolvimento proximal do aluno com autismo. Percebemos isso quando Rafael compartilhou os sentidos atribuídos à atividade com a massa de modelar, utilizando o gesto de "tomar um sorvete" para se comunicar com sua mãe.

Segundo, as **estratégias pedagógicas** identificadas que foram desenvolvidas em sala de aula para garantir ao aluno o acesso ao currículo envolveram: ter uma estagiária por perto com a turma; trabalhar imagens e temas do cotidiano em situações do dia a dia; explicar os comportamentos sociais que são adequados ou inadequados de acordo com cada contexto, entre outras. Essas estratégias foram importantes para que o grupo conhecesse melhor a criança. Rafael, aos poucos, foi participando por um tempo maior das atividades, principalmente das que envolviam jogos e imagens coloridas. Além disso, a estratégia de ter a estagiária para o aluno e a turma ajudou Rafael a construir seu tempo e espaço na escola. Inicialmente, ele era guiado continuamente pela mão do adulto, em seguida, isso ocorria somente em alguns momentos e, por fim, ele circulava pela escola e outros espaços sozinho", acompanhando o grupo. Rafael, assim como outras crianças, precisava ser orientado inicialmente pelo adulto para realizar as atividades.

No nosso caso, ficou claro que, quando contextualizadas as atividades de acordo com as que eram realizadas pela turma, o aluno demonstrava mais interesse em participar, do seu modo, ainda que inicialmente com pouca atenção. Foram apresentados indícios do desenvolvimento da atenção voluntária de Rafael, principalmente quando a palavra do adulto ou de outra criança orientava sua atenção para participar na atividade, contribuindo para a construção de suas funções superiores.

Terceiro, o **planejamento,** coletivo e individual, foi essencial para afinar os objetivos que a escola pretendia que o aluno alcançasse. Foi um momento usado para refletir sobre as ações e pensar em outras ações a partir do que foi avaliado pelo grupo sobre o desenvolvimento do aluno. Contudo, nem sempre esse planejamento conseguiu unir todos os profissionais em um mesmo momento. A utilização do caderno para registro das propostas e análises de participação do aluno nas atividades potencializou a articulação do grupo de professores e compôs as informações sobre o desenvolvimento de Rafael para quem chegasse à escola. Além disso, esses momentos eram utilizados para a produção de materiais para serem usados na sala regular ou em outros espaços.

A apropriação da linguagem escrita por Rafael se deu a partir da interação do outro pela linguagem e de signos utilizados para atribuir sentido à leitura e à escrita, oferecidos ao aluno ou apresentados quando ele demonstrava interesse. Nas relações sociais vivenciadas na escola, ele foi se percebendo como parte do grupo, participando das atividades desenvolvidas com os demais alunos em ambientes dentro e fora da escola (esse processo envolveu momentos de aproximação e afastamento do grupo). Na maioria das vezes, estava junto com o grupo.

Pelo *outro*, Rafael foi demonstrando o que queria realizar de leitura, compartilhando o sentido atribuído por esse outro. Passa a acompanhar a leitura do adulto, muitas vezes com atenção voluntária, como nos momentos de leitura no pátio. Em relação à escrita, observamos avanços significativos do aluno que mal pegava no lápis, que gostava muito de escrever colando as letras e que, por fim, copiava palavras em diferentes contextos e chegou a escrever espontaneamente seu primeiro nome, RAFAEL, sem faltar nenhuma letra.

Assim, chegamos ao final do relato, já com saudade dos momentos vividos na escola e com o grupo de alunos e alunas! Precisamos finalizar este livro, mas sabemos da necessidade de pensarmos e nos inquietarmos sobre o que está posto de políticas públicas para esses alunos com autismo, invisibilizados durante anos e agora, na escola regular, o incômodo dos professores precisa tornar-se reflexão sobre o desenvolvimento cultural dessa criança. Além disso, é preciso pensar em uma política de formação de professores sobre o assunto, desvinculada de causas e tratamentos, e sim voltada para o trabalho pedagógico.

Em relação a este trabalho específico da leitura e da escrita, sinalizo a necessidade de novos estudos que discutam: como essas crianças utilizam a leitura de forma mnemônica? Como percebem as funções da escrita? Como fazem uso da linguagem escrita? Temos ainda muito trabalho!

REFERÊNCIAS

AJURIAGUERRA, J. **Manual de psiquiatria infantil.** Barcelona: Toray - Masson, 1973.

ANDRÉ, M. E. D. A. **Etnografia da prática escolar.** Campinas: Papirus, 2005.

ASPERGER, H. Autistic psychopathy in childhood. In: UTA Frith (Ed.). **Autism and Asperger Syndome.** UK: Cambridge University Press, 1996.

BAKHTIN, M. **Marxismo e filosofia da linguagem.** São Paulo: Hucitec, 2010a.

_____. **Estética da criação verbal.** São Paulo: Martins Fontes, 2010b.

BAPTISTA, C. R. (Org.). **Inclusão e escolarização:** múltiplas perspectivas. Porto Alegre: Mediação, 2006.

_____.; BOSA, C. (Org.).**Autismo e educação:**reflexões e propostas de intervenção. Porto Alegre: Artmed, 2002.

_____.; VASQUES, C. K.; RUBLESCKI, A. F. Educação e transtornos globais do desenvolvimento: em busca de possibilidades. **Cadernos da APPOA,** n. 114, p. 31-36, 2003.

BELISÁRIO FILHO, J. F. **A educação especial na perspectiva da inclusão escolar:** transtornos globais do desenvolvimento. Brasília: Ministério da Educação, Secretaria de Educação Especial: Universidade Federal do Ceará, 2010.

BOSA, C. Autismo: atuais interpretações para antigas observações. In: BAPTISTA, C. R.; BOSA, C. (Org.). **Autismo e educação:** reflexões e propostas de intervenção. Porto Alegre: Artmed, 2002. p. 21-39.

BRAGIN, J. M. B. **Atividades escolares envolvendo alunos autistas na escola especial.** 2011. 78 f. Dissertação (Mestrado em Educação) – Programa de Pós-Graduação em Educação, Universidade Metodista de Piracicaba, Piracicaba, 2011.

BRASIL. Ministério da Educação. Secretaria de Educação Especial. **Política nacional de educação especial.** Brasília: MEC/SEESP, 1994.

BRASIL. Resolução CNE/CEB n. 2/2001. **Diário oficial da união.** Brasília, 14 de setembro de 2001. Seção IE, p. 39-40.

BRASIL. Política nacional de educação especial na perspectiva da educação inclusiva. Inclusão: **Revista da Educação Especial.** Brasília: Secretaria de Educação Especial, v. 4, n.1, p. 7-17, jan./jun. 2008a.

BRASIL. Secretaria de Educação Especial. **Decreto 6.571 de 17 de setembro de 2008b.** Disponível em: <http://www.planalto.gov.br/ccivil_03/_Ato2007-2010/2008/Decreto/D6571.htm>. Acesso em: 22 fev. 2011.

BRIDI, F. Educação e autismo: as sutilezas e as possibilidades do processo inclusivo. In: BRASIL. **Experiências educacionais inclusivas**: Programa Educação Inclusiva: direito à diversidade / Organizadora, Berenice Weissheimer Roth. – Brasília : Ministério da Educação, Secretaria de Educação Especial, 2006.

CAGLIARI, L. C. **Alfabetização e lingüística**. São Paulo: Scipione, 1998.

CENSO. Disponível em:<http://www.inep.gov.br/basica/censo/Escolar/resumos_tecnicos.htm>. Acesso em: 14 abr. 2011.

CAMARGO, S. P. H.; BOSA, C. A. Competência social, inclusão escolar e autismo: revisão crítica da literatura. **Psicol. Soc.**, Florianópolis, v. 21, n. 1, abr. 2009. Disponível em: < http://www.scielo.br/pdf/psoc/v21n1/08.pdf>. Acesso em: 2 abr. 2012.

CHIOTE, F. de A. B. **A mediação pedagógica na inclusão da criança com autismo na educação infantil**.2011. 188 f. Dissertação (Mestrado em Educação) – Programa de Pós-Graduação em Educação, Universidade Federal do Espírito Santo, Vitória, 2011.

COSTA, M. S. C. da. **O silêncio e o invisível na relação professor-aluno**: um estudo sobre autismo. 2007. Monografia (Conclusão do Curso de Pedagogia) – Faculdade Brasília de Tecnologia, Ciências e Educação, Brasília, 2007.

CRUZ, T. S. U. R. **Acompanhamento da experiência escolar de adolescentes autista no ensino regular**. 2009. 174 f. Dissertação (Mestrado em Educação) – Programa de Pós-Graduação em Educação, Universidade Metodista de Piracicaba, Piracicaba, 2009.

DELFRATE, C.B; SANTANA, A.P. O; MASSI, G. A. **A aquisição de linguagem na criança autista**: um estudo de caso. Psicologia em Estudo, Maringá, v. 14, n. 2, p. 321-331, abr./jun. 2009.

DUSCHATZKY, S.; SKLIAR, C. O nome dos outros: narrando a alteridade na cultura e na educação. In: LARROSA, J.; SKLIAR, C. **Habitantes de Babel**: políticas e poéticas da diferença. Belo Horizonte: Autêntica, 2001. p. 119 - 137.

FREITAS, M. T. A. A pesquisa em educação: questões e desafios. **Vertentes**, São João Del-Rei , v. 1, p. 28-37, 2007.

GERALDI, J. W. **Portos de passagem**. São Paulo: Martins Fontes, 1997.

GINZBURG, Carlo. **Mitos, emblemas, sinais**: morfologia e história. São Paulo: Cia. das Letras, 1989.

GÓES, M.C.R.; SMOLKA, A.L.B. (Org.). **A significação nos espaços educacionais**: interação social e subjetivação. São Paulo: Papirus, 1997.

_____. A abordagem microgenética na matriz histórico-cultural: uma perspectiva para o estudo da constituição das subjetividades. **Cadernos Cedes**. Campinas: Cedes, n. 50, p. 9-25, 2000a.

_____. A formação do indivíduo nas relações sociais: contribuições teóricas de Lev Vigotski e Pierre Janet. **Educação e sociedade**. v. 21, n. 71, p. 116-131, 2000b.

_____. A construção de conhecimentos e o conceito de zona de desenvolvimento proximal. In: MORTIMER, E. F.; SMOLKA, A. L. B. (Org.). **Linguagem, cultura e cognição**: reflexões para o ensino e a sala de aula. Belo Horizonte: Autêntica, 2001.

_____. Relações entre desenvolvimento humano, deficiência e educação: contribuições da abordagem histórico-cultural. In: OLIVEIRA, M. K.; SOUZA, D. T. R.; REGO, T. C. **Psicologia, educação e as temáticas da vida contemporânea**.São Paulo: Moderna, 2002. p. 95-114.

GOMIDE, M. G. da S. **A mediação e o processo de constituição da subjetividade em crianças com necessidades educacionais especiais no contexto da educação infantil**. 2009. Dissertação (Mestrado em Educação) – Programa de Pós-Graduação em Educação, Universidade Federal do Espírito Santo, Vitória, 2009.

GONTIJO, C. M. A. **O processo de apropriação da linguagem escrita em crianças na fase inicial de alfabetização escolar**. 2001. 291 f. Tese (Doutorado em Educação) – Programa de Pós-Graduação em Educação, Universidade Estadual de Campinas, Campinas, 2001.

_____. **O processo de alfabetização**:novas contribuições. São Paulo: Martins Fontes, 2002.

_____. Alfabetização e a questão do letramento. **Caderno de Pesquisa em Educação PPGE** – UFES, Vitória: PPGE, v. 11, n. 2, p. 42-72, jan./jun. 2005.

_____. **Alfabetização**: a criança e a linguagem escrita. Campinas: Autores Associados, 2007.

_____. **A escrita infantil**. São Paulo: Cortez, 2008.

_____. **Alfabetização**: teoria e prática. Curitiba: Sol, 2009.

GRANDIN, T. **Uma menina estranha**: autobiografia de uma autista. São Paulo: Companhia das Letras, 1999.

JESUS, D. M. Atuando em contexto: o processo de avaliação numa perspectiva inclusiva. **Psicologia Social**, Porto Alegre, v. 16, n. 1, 2004. Disponível em: <http://www.scielo.br/scielo.php?script=sci_arttext&pid=S0102-18220040001000004&lg=pt&nrm=iso>. Acesso em: 28 fev. 2012.

_____. Inclusão escolar, formação continuada e pesquisa-ação colaborativa. In: BAPTISTA, Claudio Roberto (Org.). **Inclusão e escolarização**: múltiplas perspectivas. Porto Alegre: Mediação, 2006. p. 95-106.

KANNER, L. Os distúrbios autísticos do contato afetivo. In: ROCHA, P.S. (Org.). **Autismos**. São Paulo: Escuta, 1997.

KANNER, L. **Psiquiatría infantil**. Buenos Aires: Paidos-Psique, 1966.

KORMANN, J. **Pequenos filhotes**: caco o macaco. Blumenau: Vale das letras, 2005.

KUPFER, M. C. **Educação para o futuro**:psicanálise e educação. São Paulo: Escuta, 2001.

LURIA, A. R. **Pensamento e linguagem**:as últimas conferencias de Luria. Porto Alegre: Artes Médicas, 1986.

_____. A pré-história da linguagem escrita. In: VIGOTSKI, L. S. **A formação social da mente**: o desenvolvimento dos processos psicológicos superiores. 7. ed. São Paulo: Martins Fontes, 2007.

_____. O desenvolvimento da escrita na criança. In: VIGOTSKI, L. S.; LURIA, A. R.; LEONTIEV, A. N. **Linguagem, desenvolvimento e aprendizagem**. 11. ed. São Paulo: Ícone, 2010.

MARTINS, A. D. F. **Crianças autistas em situação de brincadeira**:apontamentos para as práticas educativas. 2009. Dissertação (Mestrado em Educação) – Programa de Pós-Graduação em Educação, Universidade Metodista de Piracicaba, Piracicaba, 2009.

MEIRIEU, P. **O cotidiano da escola e da sala de aula**: o fazer e o compreender. Porto Alegre: Artmed, 2005.

MONTEIRO, M. S. A educação especial na perspectiva de Vygotsky. In: FREITAS, M. T. A. **Vigotsky um século depois**. Juiz de Fora: EDUFJF, 1998. p. 73-84.

MONTE, F. R. F. do; SANTOS, I. B. dos (Coord). **Saberes e práticas da inclusão**: dificuldades acentuadas de aprendizagem: autismo. Brasília: MEC, SEESP, 2004.

MORAIS, J. F. dos S.; SAMPAIO, C. S. Superação da dicotomia alfabetização e letramento na articulação prática-teoria-prática. In: ZACUR, E. (Org.). **Alfabetização e letramento**: o que muda quando muda o nome? Rio de Janeiro: Rovelle, 2011. p. 149-170.

OLIVEIRA, I. B. **Currículos praticados**: entre a regulação e a emancipação. Rio de Janeiro: DP&A, 2003.

ORRÚ, S. E. **Autismo, linguagem e educação**: interação social no cotidiano escolar. Rio de Janeiro: Wak, 2009.

PADILHA, A M. L. **Práticas pedagógicas na educação especial**: a capacidade de significar o mundo e a inserção cultural do deficiente mental. Campinas: Autores Associados, 2001.

PINO, A. **As marcas do humano**: as origens da constituição cultural da criança na perspectiva de Lev S. Vigotski. São Paulo: Cortez, 2005.

ROCHA, P. S. **Autismo**: construções e desconstruções. São Paulo: Casa do psicólogo, 2007.

ROCHA, M. S. P. M. L. **Não brinco mais**: a (des)construção do brincar no cotidiano educacional. Ijuí: Unijuí, 2000.

SÁ, M. G. C. S. **Cartografando processos inclusivos na educação infantil em busca de movimentos instituintes**. 2008. 215 f. Tese (Doutorado em Educação) – Programa de Pós-Graduação em Educação, Universidade Federal do Espírito Santo, Vitória, 2008.

SACRISTÁN, J. G. **O aluno como invenção**. Porto Alegre: Artmed, 2005.

SAVIANI, D. **Pedagogia histórico-crítica**: primeiras aproximações. Campinas: Autores Associados, 2008.

SMITH, D. D. **Introdução à educação especial**: ensinar em tempos de inclusão. Porto Alegre: Artmed, 2008.

SMOLKA, A. L. B. **Leitura e desenvolvimento da linguagem**. Porto Alegre: Mercado Aberto,1993.

_____. **A criança na fase inicial da escrita**: alfabetização como processo discursivo. São Paulo: Cortez, 2000.

TEZZARI, M. L.; BAPTISTA, C. R. Vamos brincar de Giovani? A integração escolar e o desafio da psicose. In: BAPTISTA, C. R.; BOSA, C. (Orgs.). **Autismo e educação**: reflexões e propostas de intervenção. Porto Alegre: Artmed, 2002. p 145-156.

VASQUES, C. K. **Um coelho branco sobre a neve**: estudo sobre a escolarização de sujeitos com psicose infantil. 2003. 152 f. Dissertação (Mestrado em Educação) – Programa de Pós-Graduação em Educação, Universidade Federal do Rio Grande do Sul, Porto Alegre, 2003.

_____. **Alice na biblioteca mágica**: uma leitura sobre o diagnóstico e a escolarização de crianças com autismo e psicose infantil. 2008. 185 f. Tese (Doutorado em Educação) – Programa de Pós-Graduação em Educação, Universidade Federal do Rio Grande do Sul, Porto Alegre, 2008.

VIGOTSKI, L. S. **Obras escogidas III**. Madri: Visor, 1983.

_____.**Obras escogidas V**: fundamentos dedefectología. Madri: Visor, 1997.

_____. **Teoria e método em psicologia**. 2. ed. São Paulo: Martins Fontes, 2004.

_____. **A construção do pensamento e da linguagem**. 2. ed. São Paulo: Martins Fontes, 2000.

_____. **A formação social da mente**: o desenvolvimento dos processos psicológicos superiores. 7. ed. São Paulo: Martins Fontes, 2007.

VITÓRIA, **Projeto Político-Pedagógico da Escola Municipal de Ensino Fundamental Experimental de Vitória**. Vitória: Secretaria Municipal de Educação, 2011.

WALLON, H. **Psicologia e educação da infância**. Lisboa/Portugal: Estampa, 1975.

YIN, Robert K. **Estudo de caso**: planejamento e métodos. 4. ed. Porto Alegre: Bookman, 2010